E. GOMEZ-CARRILLO

L'Ame Japonaise

Traduit de l'Espagnol par Ch. Barthez

PARIS
BIBLIOTHÈQUE INTERNATIONALE D'ÉDITION
E. SANSOT ET Cⁱᵉ, Éditeurs
53, RUE SAINT-ANDRÉ-DES-ARTS, 53

MCMVI

LIBRAIRIE E. SANSOT & Cie, ÉDITEURS
53, Rue Saint-André-des-Arts, PARIS

EXTRAIT DU CATALOGUE

Maurice Barrès, de l'Académie française
Quelques Cadences, 1 vol. petit in-12 couronne.   1 »

J. Ernest-Charles
Les Samedis littéraires (4ᵉ série). 1 vol. in-18 jésus.   3 50

Pierre de Bouchaud
Étapes Italiennes, 1 vol. petit in-12 couronne . .   1 »

Agrippa d'Aubigné
Œuvres poétiques choisies, annotées et précédées d'une notice par Ad. van Bever, 1 vol. in-18 jésus 3 50

Senac de Meilhan
Considérations sur l'esprit et les mœurs, avec une notice par Fernand Caussy. 1 vol. in-18 jésus.   3 50

Joachim du Bellay
La Défense et Illustration de la Langue française, avec une notice par Léon Séché. 1 vol. in-18 jésus. 3 50

J. Péladan
La Clé de Rabelais. 1 vol. petit in-12 couronne.   1 »

Philéas Lebesgue
L'Au-delà des Grammaires. 1 vol. in-18 jésus. .   3 50

Imp. Renaudie, 56, rue de Seine.

L'AME JAPONAISE

E. GÓMEZ-CARRILLO

L'Ame Japonaise

Traduit de l'Espagnol par Charles BARTHEZ

PARIS
BIBLIOTHÈQUE INTERNATIONALE D'ÉDITION
E. SANSOT ET Cie, Éditeurs
53, RUE SAINT-ANDRÉ-DES-ARTS, 53

1906

Au Dʳ Paul de Molenes

Hommage de son ami reconnaissant et dévoué

GOMEZ-CARRILLO.

TABLE DES MATIÈRES

Sensations de Tokio	1
Le Caractère Chevaleresque	17
La Courtoisie	37
Le Rire	60
La Beauté des Temples	61
L'Empereur et sa Cour	72
La Danse Sacrée	83
La Femme	89
Les Femmes dans la Littérature	100
Conteurs de Contes	115
L'Orgueil du Samouraï	121
La Misère	140
Le Culte de l'Epée	161
L'Esprit de Tolérance	176
Les Trois Apôtres de l'Ame Moderne	185
Paroles après la Guerre	197
Le Sentiment Poétique	216
Symphonie en Rouge et Blanc	240

L'Ame Japonaise

SENSATIONS DE TOKIO

Tokio !... la gare de Shimbashi !... les premiers arbres des parcs !... Et dans le train minuscule, plus petit, plus léger qu'un tramway parisien, le mouvement propre à toute arrivée !... Mais comme nous sommes loin de l'Europe ! Ici nul bruit, nulle joie... quelque chose de grave, de compassé. On dirait, vraiment, que nous faisons partie d'un cortège funèbre et que nous arrivons à la porte du cimetière. Avant de se lever les voyageurs disposent scrupuleusement les nobles plis de leur " kimono " de couleur sombre. Puis, pour avancer la main entre deux voisins afin de prendre leurs minuscules valises de bambou, ils font des révérences, beaucoup de révérences, quatre, cinq, six révérences. Et quelles révérences ! Ils s'inclinent jusqu'à toucher le sol de leurs mains. Ce sont les célèbres plongeons qui étonnaient tant les anciens voyageurs. Les sourires eux aussi sont demeurés pareils. Chaque mouvement comporte un sourire. Les femmes surtout sourient perpétuellement, les vieilles plus que les jeunes. Ici, dans mon wagon, il y a une demi-douzaine de mousmés qui ne doivent avoir guère plus de 15 ans et qui, à coup sûr, appartiennent à la classe élevée de la société. A première vue toutes semblent sorties d'un même moule, et mues par un même ressort. Leurs petites bouches, avivées d'une légère touche de carmin, qui les fait plus petites encore et plus enfantines; leurs petits yeux noirs, rieurs, lumineux et malicieux ; leurs mains d'une finesse extrême, et surtout leur coiffure, ces grandes et capricieuses coiffures, œuvre d'une architecture infiniment compliquée, ces coiffures où il y a des arcs, des terrasses et des coupoles, ces coiffures, orgueil et tourment des dames nippones, tout chez elles est uniforme. Et pourtant il paraît que ces coiffures se réclament a seize genres différents. Seize genres ! Mais de telles subtilités ne se révèlent pas dès l'abord. Tout ce que j'ai pu gagner, à contempler respectueusement durant les heures du voyage mes petites voisines, c'est la conviction qu'elles ne sont pas si pareilles que je me l'étais figuré au début. Non. Il y a entre elles des diversités

d'expression, de physionomie et de traits. De
profil (si l'on peu désigner ainsi ces silhouettes
aux contours imprécis) la variété des types apparaît nombreuse. Ce qui les rend uniformes,
c'est le " machinisme " des manières et des
attitudes. A ce point de vue, j'en jurerais ! il
n'existe pas seize ni même six modèles, mais un
seul, unique et exclusif. Mes compagnes de voyage
ont évolué, depuis le départ de Yokohama, avec
un ensemble qu'elles m'ont rappelé ces groupes de sisters américaines qui imitent les Barisson et remplissent les cafés concerts européens
de leurs danses automatiques. Dans chaque circonstance, en effet, elles ont fait le même geste et
elles l'ont fait selon le même mode, avec une
même grâce grave, avec une même discrète
coquetterie. A présent, pour réunir les infinies et
infiniment petites boîtes de laques qui leur servent de bagages, ce sont d'uniformes roucoulements, d'uniformes révérences, d'uniformes
ondulations.

*
* *

Tokio ! Tokio !... Déjà ses premières maisons
apparaissent entre des arbres fleuris. C'est la
réalisation d'un rêve très ancien et que nous
fîmes tous à la lecture de pittoresques des-

criptions. Voici les murs en bois, les toits en forme de tortues, et les fenêtres dont les vitres sont en papier. Voici les petits magasins sans comptoir où tout gît par terre, dans de petites boîtes mystérieuses... Et voici les Japonais assis sur leurs nattes, comme dans les estampes, en de singulières postures, en un invraisemblable équilibre.. Sans doute, tout est tel que je me l'étais figuré, mais avec moins de vie, ou plutôt avec moins de poésie, de couleur, de caprice, de rareté ! Ame étrange et lamentable que celle du voyageur ! Au lieu de se nourrir de logiques réalités, elle traîne partout ses souvenirs... Ce qui ne satisfait point son égoïsme sentimental, lui cause d'incurables tristesses. Et son désir est si souvent déçu !

*
* *

Que lui manque-t-il à ce Japon, où je vis depuis quelques heures, pour être le Japon que j'avais rêvé ? Les Japonais qui m'entourent n'ont pourtant rien d'européen dans leur mise. Nulle part je n'aperçois le chapeau rond ni la jaquette imitée de Londres. Partout des kimonos, les discrets kimonos de tous les jours, sans dragons brodés sur les manches, il est vrai, et sans vols de cigognes sur les épaules, mais des kimonos, somme toute, de vrais kimonos sous lesquels les corps de bronze vont nus. Le paysage que l'on découvre par les petites fenêtres est comme la réalisation d'un rêve d'éventail avec ses pins aux branches tourmentées et ses champs couverts d'admirables tapis de lotus. Pour comble de bonheur, j'ai même, à mes côtés, un groupe de mousmés pareilles à celles qu'auparavant je n'avais vues que dans les albums de Outamaro et de Toyokouni. Que lui manque-t-il donc, à mon Japon réel, pour être aussi beau que mon Japon rêvé ? Serait-ce, peut-être, que j'espérais, sans m'en rendre compte, un Tokio pareil au Madrid que les touristes anglais recherchent ; un Tokio féodal, avec des masques féroces, avec des palanquins somptueux, avec des cortèges de daïmios et des patrouilles de samouraïs ? Non ; je ne le crois pas. Les livres modernes m'avaient préparé, au contraire, à trouver un Japon américanisé. Et pourtant, celui que je vois et qui est très japonais, celui que je vois par la petite fenêtre, n'est pas mon Japon idéal.

*
* *

Mais voici mon Japon ! Amatarasu, déesse du soleil et patronne de Yamato, bénie sois-tu ! Et toi aussi, miraculeuse Kamiya-San-No-Imari, toi qui guéris tous les maux et qui protèges ceux qui aiment, toi aussi, sois bénie ! En descendant du train, cependant qu'un athlète jaune dispose mes bagages dans un Kourouma, mon rêve se réalise. Debout, à la porte de la gare, une mousmé me sourit, ou plutôt se sourit à elle-même. Elle est svelte, pâle, d'une couleur d'ambre clair et transparent, et ses veines très fines se marquent sur son cou nu. L'ovale de son visage est parfait. Ses yeux, qui ne sont pas grands, mais longs, très étroits et très longs, ont une douceur voluptueuse qui explique l'enthousiasme des anciens poëtes nippons, auteurs des tankas où les pupilles féminines sont comparées à des philtres d'enchantement. Ses mains exsangues, aux doigts effilés, sont translucides. Ses lèvres, ces lèvres entrouvertes en un sourire perpétuel, ces lèvres humides, laissent voir une exquise dentition de grains de riz. Et cette apparition ne porte pas le vêtement gris sans ornement de mes compagnes de voyage. Elle porte un kimono jaune pâle, couvert de lys blancs qui la font apparaître comme une Primavera de cette terre, plus menue et moins splendide que celle de Boticelli, sans doute, mais non moins séductrice. Je la contemple enchanté. Et grâce à elle, à sa beauté étrange, à sa grâce lointaine, à son charme de légende, la vulgarité de cette place de station mi-asiatique, mi-européenne, disparait, et un Japon adorable surgit devant mes yeux extasiés !

*
* *

Sous cette pluie fine, tiède, pareille à celle du nord de l'Europe, Tokio ne semble guère propice à recevoir ceux qui viennent à lui remplis d'illusions. Une fois le spectacle, vulgaire mais animé, de la gare de Shimbachi terminé, le voyage vers l'hôtel commence. Voyage sans fin, qui s'effectue dans des véhicules étroits et hauts traînés par un homme qui trotte comme un cheval. Ah! la tristesse de ces petites voitures! Mieux qu'en Chine ou qu'aux Indes, je la sens ici, à cause sans doute des rues pleines de boue, à cause aussi des distances énormes. Il y a une demi-heure que nous courons dans de petites rues sordides, et nous sommes encore loin. Les courses, en général, sont d'une heure, parfois de deux heures. Les cochers d'Europe feraient grise mine devant une telle perspective! Les Kouroumayas Japonais se contentent de sourire, satisfaits en apparence, résignés au fond, et ils continuent de trotter parmi les interminables, parmi les incroyables voies de leur ville. De temps à autre, ils s'arrêtent une seconde pour sécher la sueur de leur visage et de suite la marche reprend, monotone, et pour qui n'y est point habitué, plus que monotone, angoissante.

Je me figure que nous avons traversé des espaces énormes, la moitié de Tokio au moins.

En réalité, nous ne sommes pas sortis d'un quartier ou plutôt d'un coin et mon guide, qui veut me faire voir d'autres rues, donne l'ordre à *Messieurs les Kouroumayas* de nous conduire à Shiba-Ku avant de nous mener à l'hôtel. Ceci, paraît-il, afin de profiter du beau temps. Et comme je crains une ironie, il m'est expliqué qu'ici il faut choisir entre la boue et la poussière et que la boue est une bénédiction divine comparée à la poussière. « Tous ces gens que vous voyez avec des lunettes, ajoute mon bon *cicerone*, les portent à cause de la poussière et non pas à cause de la faiblesse de leur vue. »

J'avais déjà remarqué, effectivement, à Yokohama et à Kobe, combien il est rare de voir des Japonais sans lorgnons. Les soldats, les conducteurs de tramways, les agents de police, les ouvriers, tout le monde en porte. Ce sont des objets de nécessité nationale. Et elle est digne d'être vue, la tournure étrange de ces multitudes qui passent sous leurs amples parapluies de papier gommé, en équilibre sur leurs hautes sandales de bois, avec leur kimonos retroussés jusqu'à la taille, et leurs lunettes, leurs rondes, leurs énormes lunettes qui semblent copiées dans des caricatures allemandes. Je me rappelle avoir vu, il y a très longtemps, dans une pantomime parisienne, un docteur du Paraguay nu et qui por-

tait des lunettes d'or. Et cette image m'obsède
depuis des jours comme un symbole de ces gens.
Car le vêtement, même le vêtement national, est
est ici une exception. Lorsqu'ils rentrent chez
eux, les Japonais retirent leur kimonos, de même
que nous retirons nos manteaux. A la campagne,
petites filles et petits garçons, vont tout nus jusqu'à l'âge de dix ans. Mais que dis-je, à la campagne ! A Tokio, à Kobe, à Yakohama, à Osaka,
dans toutes les grandes villes, on voit souvent des
femmes aux torses complètement nus donnant à
téter à leurs enfants devant la porte de leur maison. Quant aux bateliers, d'un bout à l'autre de
l'empire ils vont à la manière ancienne, c'est-à-
dire qu'ils ont, comme seul vêtement, un simple
pagne de sauvage.

Ceci n'aurait pas dû m'étonner, étant donné que
je le savais.

Mais ne savais-je pas aussi que les rues
étaient telles que je les vois, étroites, tortueuses,
sales, sans trottoirs, sans pavés. N'avais-je pas
lu, avant de venir, mille descriptions détaillées
et scrupuleuses. Oui. Ce que je vois dans la réalité
m'était déjà familier par les livres, par les
estampes. Ces canaux, charriant une eau noire,
ces canaux qui se croisent dans tous les sens, et
qui, aux heures de la marée, s'emplissent de
sampans chargées de poissons secs, de riz, de bois ;

ces rues centrales où tout le monde vit dehors, où l'on cuisine au milieu du ruisseau, où les enfants jouent dans la boue, où les poules grattent la terre comme à la campagne; ces maisons qui sont de grandes boîtes couvertes de toiles noires et dans chacune desquelles il y a, indispensablement, une petite boutique de quoi que ce soit où toute la famille vend et où personne n'achète; ces hommes suants, qui traînent des charrettes chargées de sacs énormes, ce manque de couleur, de beauté, d'allégresse enfin, je le savais. Mais la réalité, cette fois, est plus complète, plus intense que la vision. Je ne me figurais pas ce vernis noir et uniforme avec lequel les Japonais peignent et ornent leur maison et qui donne aux rues un aspect de deuil. Aux heures ensoleillées, les commerçants mettent à leur porte des enseignes noires aux lettres blanches, semblables à celles qui, dans nos villes, annoncent une mort. C'est la mode. Et lorsqu'on vient de la Chine calomniée, dont les rues sont gaies comme une fête, où les drapeaux jaunes, avec leurs dragons rouges, ondulent devant chaque fenêtre, où les enfants crient et où les hommes chantent, tout ici se fait plus sombre, plus sordide, plus sinistre que cela n'est en réalité.

*
* *

Voici deux heures que nous traversons des rues, les rues les plus riches, les plus animées, et nous n'avons encore rien pu admirer. La pluie a cessé complètement. Au ciel, qui s'éclaire peu à peu, des tons infiniment délicats d'un vert transparent d'émeraude, apparaissent à mesure que les nuages s'enfuient. Une clarté presque blanche, comme un clair de lune féerique, enveloppe la ville d'un voile qui adoucit les contours et qui embellit les choses. Chaque fois que nous passons devant quelque jardin, nous voyons les arbres, couverts de gouttes de pluie, brillant comme s'ils étaient fleuris de perles. Les enfants, demi-nus, au milieu du ruisseau forment des groupes exquis de bronze vivant. De temps en temps une mousmé passe, rythmique et menue, sous l'auréole blanche de son parapluie de papier. Seules, les rues se continuent toujours laides, d'une laideur misérable, laides de boue, laides de pauvreté, laides d'humilité. Aucune grâce ne les rachète. Elles sont sordides avec résignation, presque avec plaisir. Les habitants se servent d'elles comme si elles étaient des dépendances de leur maison. Ce qui ne tient pas dans la cuisine, ou dans la cour, ou dans le jardin, on le met dehors. Les vieilles boîtes, les charrettes cassées, les détritus, les ordures, les torchons mouillés, dehors, dehors. Les poulaillers et les niches à chien, dehors; les enclumes des serruriers, dehors. Les cuves que l'on emploie dans la teinturerie, avec leurs pièces d'étoffe qui dégouttent des larmes bleues, dehors aussi. Et pour comble de malheur, le progrès qui ne s'est souvenu ni de faire des trottoirs, ni d'installer la lumière sur la voie publique, a su par contre augmenter l'horreur de ce qui existait déjà, grâce à ses réseaux télégraphiques et téléphoniques. Oh, ces filets infinis ! L'on ne peut imaginer une semblable toile d'araignée. Dans les ruelles les plus humbles, il y a des milliers de fils de fer, et des centaines de poteaux qui les soutiennent. L'histoire du *téléphone dans chaque habitation* même dans celle des mendiants n'est pas une légende. Là où il n'y a ni lits, ni vêtements, il y a le téléphone. Au coin des rues, à tous les coins de rues, on voit des kiosques munis d'enseignes qui disent *Téléphone public*. Et c'est ainsi que l'européanisme se réduit à quelques chapeaux ronds et à de nombreux appareils téléphoniques

***

A l'hôtel, un des trois seuls hôtels européens de cette ville de deux millions d'habitants, mo

cicerone me conduit dans la salle à manger e[t]
oh surprise! — elle est vide. Ni table, ni chai[se.]
Sur le tapis, à l'une des extrémités, les nattes [les]
plus fines et les plus blanches qu'œil hum[ain]
ait contemplées. Devant la cheminée un vrai [châ-]
lis d'arbres lilliputiens, des chênes aux tro[ncs]
rugueux, des cyprès centenaires de la grand[eur]
d'une poupée, des pins svelles qui n'arrivera[ient]
pas aux genoux d'un enfant, toute la flora na[tive]
de ce peuple singulier enfin, est là, artistiquem[ent]
réunie. Deux mousmés entrent et commencen[t à]
disposer sur les nattes une grande quantité [de]
coussins de velours noir, pareils à ceux qui c[ou-]
vrent les prie-dieu dans les temples protesta[nts.]
Mon guide comprend alors ce dont il s'agit. « S[ans]
doute d'un dîner japonais, me dit-il, de quelq[ues]
noces aristocratiques, ou d'un anniversaire q[uel-]
conque ». En effet ; les serres qui conservent [cet]
aspect, et où, en général, ne se tiennent que q[uel-]
ques anglais qui baillent, sont à présent ple[ines]
de japonais et de japonaises, tous en vêtem[ents]
nationaux, tous somptueusement parés. Et d[ans]
ce décor européen de hautes plantes trop[ica-]
les, de sièges en bambous, de suspension[s en]
bronze aux cents lumières électriques, j'éprou[ve la]
sensation de n'avoir pas quitté Paris et de me t[rou-]
ver dans le hall du Continental ou du Ritz, un [soir]
de bal masqué. La musique même qui vien[t]

ne sait d'où, contribue à cette illusion. C'est une mélopée lente et monotone de voix de guitares, une de ces mélopées qui s'entendent dans tous les cafés-concerts, lorsque vont danser, vêtues de guéchas, de jeunes personnes de Montmartre. Mais peu à peu ma vision change. Ce n'est pas une fête travestie. Non, c'est un immense paravent qui s'anime, qui vit, qui sourit. Tous ces êtres semblent brodés de soie, ou peints à l'aquarelle. Ils sont si corrects, ils sont si solennels! Chaque fois que deux personnes se rencontrent elles se saluent, comme dans les quadrilles, mais avec plus de lenteur, mais avec plus de gravité. Elles surtout, les mousmés fragiles, elles ont une manière délicieuse de s'incliner jusqu'à toucher le sol de leurs mains, et après de s'incliner de nouveau, et ensuite de s'incliner encore en séries d'interminables révérences, le tout sans prononcer une parole, souriant et rien de plus. Et souriant non seulement avec leurs lèvres charnues, mais aussi avec leurs joues pâles, souriant avec tout leur visage, avec tout leur corps, avec tout leur vêtement aussi. Car ici il n'y a pas un seul kimono sombre comme ceux que l'on voit dans la rue. Les étoffes sont gaies, claires, rieuses, pleines de vol d'oiseaux ou de ramages fleuris de même que dans les estampes. Et que dire des coiffures! Cette fois, oui, je crois reconnaître les seize genres de chignons, de bandeaux, d'ondulations. La seule chose que je ne vois pas, ce sont les anciennes épingles qui ne se portent plus, semble-t-il, et qui étaient si décoratives.

Ce qui me surprend c'est l'énorme différence qu'il y a entre ces mousmés aristocratiques et les jeunes filles du peuple que j'ai rencontrées de par les rues; elles ne semblent même pas appartenir à la même race. Celles-ci sont sveltes et minces, avec des visages allongés, avec des yeux rêveurs, tandis que les autres, les plébéiennes, ont des figures aplaties, des paupières obliques et des formes obèses.

Les historiens, je crois, expliquent cette diversité de type en assurant que des deux invasions qui peuplèrent le Japon, il y a trois mille ans, les conquérants venus des monts Oural, beaux et blancs, formèrent la classe *samouraï* tandis que les autres, malais des Philippines jaunes et nains, se mêlèrent aux indigènes et formèrent le peuple. Sans une explication aussi plausible, le phénomène serait incompréhensible, car il ne s'agit pas, comme en Europe, d'affinement d'une caste, mais de véritables différences dans la structure, dans les traits, dans la couleur. Ces demoiselles aux kimonos somptueux, qui montrent avec ostentation, sur leurs manches, le blason de leur famille, brodés sur champ blanc, ont le teint d'un ambre fauve translucide, sans tache aucune de sang obscur, à peine plus brun que celui des Espagnoles d'Andalousie. Les autres, par contre, sont d'une couleur de bronze, comme les Indiennes de l'Amérique du Sud.

LE CARACTÈRE CHEVALERESQUE

« Qu'est-ce que le *bushido* ? » demandent ceux qui, depuis de longues années, entendent attribuer à cette seule vertu tous les triomphes japonais. Et les docteurs de Tokio sourient, énigmatiques. Ils répondent que le *bushido* c'est tout.

Tout, en effet, tout dans les traditions, tout dans l'histoire, tout dans la religion, tout dans les arts, prépare les admirables petits hommes jaunes à suivre ce qu'ils appellent *la voie du chevalier*. Depuis les plus obscures théogonies des temps fabuleux, jusqu'aux exemples actuels, tout est une leçon d'héroïsme. Tout parle du sacrifice de l'existence comme d'un acte naturel. « Que nul ne suppose — dit l'ancien livre du *Zinkocioloki* — qu'exposer et perdre la vie soit une action qui mérite le moindre éloge : c'est tout simplement le devoir de chacun ». Et à travers la littérature nationale apparaît uniformément dans les poèmes et dans les drames, dominant les autres sentiments. Le héros nippon ne connaît ni la défaite, ni la captivité. Quand il se sent inférieur à son adversaire, il se suicide ou, si la force matérielle lui manque pour se tuer lui-même, il prie un de ses compagnons de lui couper la tête. Même aux instants suprêmes, quand on ne lutte pas contre les hommes, mais bien contre les éléments, la peur lui est inconnue. Dans le *Tosa-Nikki*, œuvre du xe siècle, le gouverneur *Tsurayuki* se voit réduit à employer un artifice de rhétorique pour décrire la terreur que provoque une tempête en pleine mer, et il suppose que son récit est fait par une femme : « Le naufrage paraît certain : le vent en fureur déchire les voiles, secoue les mâts violemment — les marins continuaient tranquillement leurs travaux, en chantant une mélopée. Seules, nous autres, les femmes, nous ne savions plus rire devant le danger qui nous menaçait de plus près à chaque instant ». Mais chez la femme elle-même, la peur est rare. Les héroïnes qui accompagnent leurs maris à la guerre et qui, dans les cas extrêmes, s'arment d'une lance ou d'un sabre, figurent dans plus d'un drame historique. Dans le *Cerisier de Suma*, œuvre très populaire, la jeune épouse d'Atsumori réclame à grands cris un arc ou une épée pour combattre à côté des hommes ! Et que dire de la terrible veuve du Sogun Yorimoto qui, d'un couvent où elle s'est retirée, dirige les armées et défait les ennemis de son clan ?... Dans les drames anciens sa figure mystérieuse apparaît comme un symbole de force et d'énergie. Tous les sacrifices lui semblent acceptables quand il s'agit d'assurer l'œuvre de son mari. Voyant ses fils faibles de caractère, elle les éloigne du pouvoir. L'aîné essaie de se révolter, mais une main inconnue l'assassine. L'Empereur lui-même reste impuissant contre cette nonne sanguinaire, et après avoir vu ses troupes vaincues, il se résigne à abdiquer en faveur de son frère. Et cette femme n'est pas unique. Il en est d'autres qui, comme elle, traversent les poèmes, tenant la lance en arrêt et chantant des chants de guerre.

Quant aux mères qui loin de pleurer la mort de leur fils, la célèbrent avec pompe quand elles savent que cette mort a été héroïque, il n'est presque pas d'œuvre tragique où nous ne les voyions. A son épouse qui lui demande, après un combat, où est leur fils, un guerrier répond, dans le célèbre drame d'*Ilcinotani* : — Vous savez, Madame, que lorsque les soldats vont à la guerre, leurs parents n'ont plus le droit de s'inquiéter à leur sujet. Pourquoi donc venez-vous m'importuner de vos demandes? En vérité, vous ne méritez pas d'être la compagne d'un brave. Si je vous annonçais que notre fils est mort...

— Ce que je veux savoir — interrompt l'épouse — c'est, en cas de mort, s'il est mort en combattant courageusement un ennemi digne de lui !

Car là est la grande préoccupation : mourir en beauté. Les vieillards, les enfants, les femmes, tous veulent bien mourir, tous veulent tomber comme les samouraïs des estampes. Dans les combats les plus acharnés, la haine ne leur fait pas perdre un seul instant le sens artistique. Leurs adversaires eux-mêmes, lorsqu'ils accomplissent quelque acte digne d'éloge, soulèvent leurs applaudissements. La chronique des querelles entre les Heiké et les Ghengi qui furent les guelfes et les gibelins nippons, rapporte mille exemples de galant héroïsme. Après la bataille de Suma, dans un combat naval, les *Heiké* pour défier leurs ennemis qui étaient encore sur le rivage, envoyèrent vers eux une galère couverte de soieries. A la proue se tenait une princesse en costume de cour et qui présentait un éventail ouvert. Un capitaine ghengi en voyant la princesse, s'avança vers elle dans la mer, et traversa l'éventail d'une flèche d'or. Alors dans les deux camps des bravos retentirent en l'honneur du galant sagittaire.

Documents manquants (pages, cahiers...)
NF Z 43-120-13

DE LA PAGE
A LA PAGE

ques et de perruques, pénétreront la nuit dans le cabaret, en exigeant du logeur par ordre de Kotzuké, qu'il leur livre nos noms. » Ils firent ainsi qu'il avait été dit : ils pénétrèrent masqués dans le cabaret, s'emparèrent du cabaretier en le menaçant de tuer son fils s'il ne livrait pas ses hôtes. « Si vous l'exigez, je le tuerai moi-même ! » répondit cet honnête homme. Alors les ronin se démasquèrent et embrassant celui dont ils s'étaient défiés, ils lui donnèrent les raisons de leur manœuvre. « A une époque comme la nôtre — lui dirent-ils — les cœurs sont si corrompus qu'on n'ose plus avoir confiance en personne ! » Puis, à la faveur de la nuit, ils se dirigèrent vers le palais de Kotzuké. Ils éveillèrent sans violence le courtisan et tout en lui faisant des révérences, ils lui coupèrent la tête qui fut déposée sur la tombe du prince Akao. Le Tribunal du Mikado les condamna à mort. Ils s'attendaient à pareille sentence. Ils la reçurent en souriant, et sans profiter seulement du délai fixé pour son exécution, ils se réunirent sur la colline où reposait leur maître et s'ouvrirent le ventre, à la manière classique. Aujourd'hui, les Japonais adorent ces héros comme des saints, et les quarante-sept sépulcres qui s'élèvent autour de la tombe princière, sont autant d'autels sur lesquels tout bon sujet du Mikado jure d'imiter la sublime conduite des ronin si, un jour, les circonstances l'exigent. — « Au théâtre — me disait l'acteur Iio-Ii, il est de temps à autre nécessaire de donner quelque version de cette légende : le public la considère comme un évangile national, et a besoin de la revoir périodiquement. C'est la messe rouge du peuple. »

Un autre héros dans lequel les Japonais se plaisent à reconnaitre les qualités de la race héroïque et souriante du Yamato, est Yorimitsu, le chevalier que M. Léon Charpentier appela avec raison le Don Quichotte jaune. « Ce personnage, dit M. Charpentier, naquit en 947 en pleine féodalité nipponne, sous le règne de l'empereur Murakami. Plus tard, étant samouraï, il guerroya.

« Il fit beaucoup de bruit et délivra la région de Kioto d'une bande de brigands qui l'infestait. La féodalité du Japon ressemblait beaucoup à ce que fut la nôtre ; le samouraï était un chevalier. Les chefs de clans, comme nos seigneurs, se faisaient la guerre. Et des bandits en profitaient pour accomplir pillages et meurtres. Contre eux, Yorimitsu fit grande besogne et plus grand bruit. Il mourut dans son lit, en 1021, âgé de soixante-quatorze ans. Ce qui prouve, dit sa légende, que l'héroïsme entretient la santé. Bientôt le peuple et les romanciers s'emparèrent d'Yorimitsu, et, pour railler l'esprit belliqueux, l'amour immodéré de la gloire chez les samouraïs, ils le transformèrent en une figure où se mêlent les traits généreux et grotesques. Pour rire de ses exploits, ils les exagérèrent : ce ne fût plus des brigands qu'il avait vaincus, mais des ogres, des fantômes, des génies. Il est toujours populaire au Japon. Ainsi que Don Quichotte, l'horrifique Yorimitsu fond sur des ennemis qui se dérobent ou n'existent pas. Il défend les faibles, et il est dupe. Il déploie une énorme activité pour des œuvres qu'accomplissent plutôt ses quatre lieutenants : Tsuna, Kintochi, Suyemada, Sadamichi. Comme le chevalier de la Manche attaque un moulin qui lui semble de loin un ennemi, Yorimitsu galope vers un nuage, qui lui paraît signaler de surnaturels adversaires. Rien ne le rebute dans la poursuite des méchants, pas même de constater qu'ils renaissent toujours. »

Je crois que M. Charpentier se fait une idée un peu fausse de la figure de Yorimitsu. Les Japonais qui savent rire de leurs prêtres et de leurs courtisans, de leurs savants et de leurs usuriers, n'aiment pas à voir les aventures de leurs héros d'une façon comique ou grotesque. Le vainqueur des géants et des nuages est bien un Don Quichotte, mais un Don Quichotte farouche, sanguinaire et rageur.

Pour ma part, j'aime mieux et comme symbole de l'âme japonaise et comme chevalier de légende, le personnage du *Yumihari Dzuki* de Bakin.

Ce héros, Hatchiro Tamétomo, fut le plus fort et le plus brave de son époque. Il était grand comme un géant et fort comme un buffle. Ses yeux avaient chacun deux pupilles. Un jour, comme on parlait devant lui des grands archers des siècles anciens, il répondit :

— Il est inutile de discuter la supériorité de celui-ci ou de celui-là, car parmi les archers d'aujourd'hui je ne pense pas qu'il y en ait qui puisse l'emporter sur Tamétomo pour repousser des myriades d'ennemis vaillants.

Tamétomo avait alors douze ans. En l'entendant parler ainsi, un général lui dit :

— Vous êtes un enfant fanfaron !

Sans la moindre colère, l'enfant parla de cette façon :

— Hoï, à huit ans, servit comme général l'empereur chinois Shun ; Yéki, à cinq ans, avait la direction du feu. La sagesse et la folie, l'habileté et la maladresse ne se comptent pas par les années. Réunissez les archers les plus adroits. Même s'ils avaient les flèches douées d'intelligence de la déesse Kouannon, je vous montrerai combien aisément je les attrape.

Le général fit alors venir les deux archers les plus habiles du pays, Noricighé et Novikazu, et leur donna l'ordre de tirer sur Tamétomo. Et comme quelques samouraïs trouvaient l'épreuve bien dangereuse, le père de l'enfant s'écria :

— Tamétomo n'a que douze ans, mais il n'est plus un bébé. S'il ne soutient pas l'épreuve en cette occasion, je considérerai la chose comme pire que de tourner le dos à l'ennemi. Je puis supporter sans regret la perte d'un fils. Ce que je haïrais serait de déshonorer la renommée guerrière de la maison de Ghen, établie depuis maintes générations. Je vous supplie ardemment d'accorder votre permission et de laisser faire les choses comme le souhaite Sinseï.

Donc, l'épreuve fut faite, voici comment :

« Noricigné plaça une flèche sur son arc, et le tendant jusqu'à ce qu'il fût comme une pleine lune, il lâcha le trait en poussant un cri. Avec sa main droite, Tamétomo attrapa la flèche au bon moment, tandis que de la gauche il arrêtait celle que Narikazou lui avait tirée l'instant d'après et qui lui arrivait droit au cœur. « Manqué ! » s'écrièrent les deux archers désappointés. Nous ne voulons pas le tuer, mais cette fois il n'attrapera pas nos flèches ! Ils tendirent ensemble leurs arcs et, choisissant le bon moment, lâchèrent la corde qui siffla. Tamétomo arrêta l'une des flèches en l'embarrassant dans la manche de son vêtement, mais comme il n'avait pas d'autres moyens d'attraper la seconde, il la saisit fermement entre ses dents et en réduisit immédiatement la pointe en miettes. Tout cela fut fait avec une rapidité qu'on peut comparer à l'air dansant au-dessus du sol surchauffé ou à la foudre. A tous les spectateurs, cela parut plus qu'humain. Ils se sentaient comme étourdis. La chose dépassait toute louange et personne ne disait mot. Tamétomo jeta les flèches à droite et à gauche. « Maintenant, sauf votre respect, vous allez être assez bon pour me donner votre tête ! » cria-t-il, escaladant les marches : il allait saisir Sinseï quand son père Taméyoci intervint et lui dit :

— Il faut que votre bonté soit aussi grande que votre courage. »

Le mot est digne de ce peuple héroïque et bienveillant où les guerriers pleurent sur le cadavre de leurs ennemis qui tombent en beauté.

Une autre légende que les Japonais lisent avec orgueil et avec exaltation, c'est le récit d'une bataille, fait par Tokinagra dans son célèbre livre du *Ghempei Seisuki*. Les forces de deux capitaines ennemis se rencontrent en mer. Le combat est acharné. Chaque galère fait des prodiges. Bientôt le sang rougit les ondes. Mais ce n'est pas cela qui enthousiasme le plus le lecteur : ce sont les discours de l'un et l'autre chef au moment où ils se croient perdus. « Pensons — dit à ses soldats Tamomori, quand il lui semble que l'ennemi prend le dessus — pensons que c'est aujourd'hui notre dernier jour et abandonnons toute idée de retraite. Aux temps anciens et modernes, il y eut des exemples de généraux fameux qui, sentant la victoire les abandonner, se rendirent prisonniers à un quelconque capitaine d'aventures ; mais c'est parce que ces généraux voulaient éviter la mort. Notre cas n'est pas le même. Nos vies sont à la merci de l'ennemi, mais notre bon renom doit demeurer intact. Ne montrons aucune émotion. Pourquoi voudrions-nous vivre ?... Mourons tous et faisons un suprême effort ! » Les troupes, ranimées par ces paroles, redoublent de courage. La face de la bataille change. Celui qui s'était cru perdu, entrevoit des chances de victoire. Alors l'autre chef, le rude Yositouné, craignant de voir fléchir ses soldats, s'emplit la bouche d'eau de mer — eau salée et sanglante — et ordonne à chacun d'en faire autant, pour donner à tous un avant-goût de la mort.

Un proverbe japonais dit qu'en temps de paix les lettres vont à la droite et les armes à la gauche, et qu'en temps de guerre les armes passent à la droite et les lettres à la gauche ; mais, en réalité, les armes et les lettres sont si unies au Japon, qu'en tous temps elles semblent marcher de pair, se soutenir et s'inspirer. Dans les batailles rangées ou dans les combats singuliers, chacun tâche d'imiter la conduite de quelque héros poétique ; dans l'œuvre littéraire, les écrivains modèlent leurs personnages sur quelques figures d'élégance et de courage. Les sourires, extraordinaires en Europe, qu'Alexandre Dumas, met sur les lèvres de ses mousquetaires aux moments les plus critiques pour eux, les Japonais les ont toujours, même dans l'agonie. Et sur ce point la réalité et la fiction se confondent de telle façon que si l'histoire influe d'abord sur la fable, c'est ensuite la fable qui influe sur l'histoire ; et finalement les deux confondues dominent la réalité. Mon ami, le capitaine de vaisseau Domecq Garcia, me disait que pendant la terrible bataille de Tshusima, les marins de Togo pariaient en riant à qui mourrait le premier, et qu'ils chantaient, sous la mitraille, de paisibles romances racontant d'antiques prouesses. La littérature héroïque, en effet, fait partie de la vie de tout Japonais. Dans chaque régiment, sur chaque navire de guerre, il y a un « conteur de contes » qui narre, aux heures de repos, les plus belles histoires guerrières. En visitant une caserne de Tokio, j'entendis faire par un de ces « conteurs » un récit que j'avais déjà lu auparavant dans le *Taikeiki*, sorte d'*Iliade* nippone. Il y est raconté un acte d'héroïsme infantile. Les moines d'Iyeissan ont déclaré la guerre au Sogun. L'un d'eux, un hercule fanatique qui se sent comme une masse dans la main des dieux, se lance le premier contre l'invincible et arrogant Kaito. La rencontre est terrible. Les armures s'entrechoquent dans la lutte, les casques de bronze et de laque volent en éclats. La foule qui contemple à distance ce titanique duel, croit que la victoire restera au soldat qui est non seulement le plus fort et le plus agile, mais aussi le mieux armé des deux adversaires. Soudain, comme par un miracle, un corps roule, et le moine lève au bout de sa pique la tête de Kaito. Alors de la foule s'élance un enfant portant l'armure : il a une cuirasse d'argent et un sabre à poignée d'or. La foule le regarde, souriante. « Où vas-tu ? » lui disent les femmes en le caressant. Mais lui, sans répondre, s'avance vers le moine, l'attaque, lui porte cent coups furieux. Cependant ni son arme, ni son bras ne sont assez puissants pour blesser. Le moine rempli d'admiration pour une aussi précoce bravoure, s'incline vers l'enfant, le prend entre ses bras. « Je suis le fils de Kaito ; je suis le fils de celui que tu viens de décapiter : il me faut venger mon père ou mourir ! » A cet instant une flèche traverse le jeune corps que le moine dépose en pleurant au pied d'un arbre. Les partisans du Sogun en voyant ces larmes, croient le héros incapable de lutter plus longtemps, et se préparent à le faire prisonnier. L'un s'empare de son épée, un autre de sa lance ; mais lui, saisissant par les cheveux la tête fraîchement coupée, s'en sert comme d'une massue, et derechef s'élance dans la mêlée...

En outre de ces poèmes célèbres, les Japonais possèdent toute une littérature romanesque faite également pour exalter la bravoure et qui, malheureusement, n'a été traduite dans aucune langue européenne. « Les romanciers — dit un historien — peignent avec enthousiasme les coutumes des xve et xvie siècles. Il n'y a dans leurs œuvres que rapts, tueries, embuscades, duels, exploits héroïques de spadassins qui, pour sauver l'honneur d'une belle, étendent toute une patrouille sur le carreau. L'aventure et le caprice dominent le pays. Quand un homme s'éprend d'une donzelle, il assiège la maison qu'elle habite, la prend d'assaut et s'empare de la belle. Plus tard, s'il se fatigue de ses caresses, il la vendra à un Yosiwara. Tuer est là-bas un acte sans importance. A chaque coin de rue on trouve chaque matin quelque mort. » Ne dirait-on pas un résumé de l'époque que nous peint Maindron dans ses romans de cape et d'épée ? De même que les aventuriers de Saint-Cendre ou de M. de Clérambon, les Nippons adorent le plaisir et le danger. Les femmes leur semblent assez adorables pour qu'on leur offre la vie, mais non pas pour qu'on leur sacrifie la liberté. L'homme est un nomade de l'amour et de la guerre. Chevalier errant sur une de ces rossinantes de Mandchourie qui ont un tout petit corps et une tête énorme, il accomplit son devoir sacré qui consiste à parcourir le pays à la recherche de caprices et de coups d'épée. Seuls, les malades et les prêtres jouissent du triste droit de rester chez soi. Les autres, tous les autres, riches et pauvres, nobles et plébéiens, sont faits pour courir les aventures. Ceux qui ne peuvent être Samuraïs et porter le casque noir à pennes d'or, se contentent de ravager les côtes de Corée ou de dévaliser les voyageurs sur les grands chemins. La profession de brigand revêt un certain prestige quand elle est exercée avec bravoure et hardiesse. Un bandit nommé Goemon a inspiré beaucoup de romans et beaucoup de chansons. C'est le type du gentilhomme pillard, capable du plus grand bien comme du plus grand mal, terrible et aimable, courageux et subtil. Il est une de ses aventures qui est devenue populaire chez les enfants : ayant volé à un ambassadeur son costume et ses papiers, cela lui permit d'aller passer, sans être reconnu, toute la journée au palais d'un prince qui le poursuivait d'une haine implacable.

Plus tard, attaqué par cent soldats, il se réfugie dans un temple et s'y défend comme un héros. « L'existence — s'exclame-t-il — m'importe peu, mais mon fils est avec moi, et sa vie seule vaut plus que celle de vingt de vos gens ! » Et il tue plus de vingt soldats avant de se rendre. Les tribunaux le condamnent à mourir avec son fils dans une chaudière remplie de poix bouillante. Le peuple s'amasse pour le voir. La troupe garde le lieu du supplice. Goemon paraît : même enchaîné, il inspire la crainte. On le mène auprès de la chaudière. « Précipite-toi là dedans avec ton fils — lui dit-on. — Protège-le de la mort si tu peux ! » Il sourit et se plonge dans l'infernale matière, tenant son fils entre ses bras qui sortent au-dessus de la poix. Et son corps se brûle, sa vie s'enfuit, mais les bras crispés restent toujours tendus, tenant l'enfant en dehors de la chaudière...

D'autres fois, l'imagination et la légende prennent des formes moins tragiques, mais où l'héroïsme tient la même place. L'histoire du poète Tadanori, narrée par Yoshida dans le prologue du *Cerisier de Suma*, est une page exquise. Tadanori, de même que tous les nobles, suit la carrière des armes. Un jour, le chef de son parti lui ordonne de prendre un château à l'assaut, avec un groupe de Samuraïs. « Très bien ! répond le poète, mais comme j'y perdrai la vie, permettez-moi d'aller, avant de partir, prendre congé de mon maître. » On le lui permit. « Je viens, dit-il en arrivant chez son maître, pour vous dire un éternel adieu. Je ne suis pas venu vous revoir plus tôt, parce que je savais que j'en aurais le temps. Mais aujourd'hui je sens que le temps va me manquer, je ne possède au monde que mes poèmes : les voilà. Adieu ! » Et le jour même il partit attaquer le château ; mais comme il le trouva fermé, il se coucha sous un cerisier en fleurs, et composa là son dernier poème. Puis, ayant réuni ses compagnons, il frappa à la porte du château qui fut pour lui la porte du sépulcre.

Une autre légende historique très populaire c'est celle du frère d'Atsumori.

Ce jeune guerrier portait toujours avec lui une guitare, et aux moments de repos, il jouait des airs de son invention. Un jour, au milieu des préparatifs d'une grande bataille dans laquelle il se croyait certain de trouver la mort, il appela un de ses amis et lui dit : « Notre petite troupe va disparaître aujourd'hui tout entière. Cette lutte que nous allons soutenir contre un ennemi mille fois plus nombreux que nous, sera notre dernière action sur la terre. Permets-moi donc de te jouer sur ma guitare quelque chose de ce qui est dans mon cœur ». Les notes qu'il arracha à l'instrument furent si mélancoliques que ses serviteurs sentirent les larmes leur monter aux yeux. Quand il eut terminé, il remit la guitare à son ami en disant : « J'avais juré de ne m'en séparer qu'à la mort. J'aurai tenu ma promesse, car celui-ci est mon dernier jour. Si tu n'es pas tué, garde cette guitare en souvenir de moi, et quand tu en joueras, écoute bien ce que te diront ses cordes : il y aura toujours en elles quelque chose de mon âme ». Puis, souriant, il prit son casque à cimier d'or, et demanda qu'on lui amenât son cheval de bataille...

Toutes ces légendes qui composent la nourriture spirituelle du peuple, sont celles qui soutiennent les Japonais actuels dans leurs luttes et dans leurs efforts. Ruidard Kipling demandait à son compagnon de voyage, en contemplant, il y a huit ou dix ans, un grandiose temple de Nara : « Croyez-vous véritablement que ces petits bonshommes à face simiesque aient pu seuls construire tout cela ? » Et Pierre Loti, devant les tombeaux des Samurais, s'écria : « L'histoire des quarante-sept ronin est aussi inexplicable qu'une énigme antique pour ceux qui connaissent les Japonais dégénérés de notre époque ! » Oh ! erreurs de poètes ! Ils avaient vu un peuple souriant, et derrière ce sourire ils n'avaient pas su deviner la force et l'héroïsme ! Le Japon relisait ses vieilles légendes, et l'Europe le croyait occupé à étudier des livres nouveaux !

LA COURTOISIE

> Pendant toute cette longue série ininterrompue de triomphes pour les armes de son pays, j'ai eu l'honneur d'être reçu assez fréquemment par le chef de la légation japonaise. Jamais je n'ai entendu sortir de sa bouche un mot blessant pour les vaincus ; c'était avec des ménagements d'une délicatesse infinie pour les justes susceptibilités.
> Louis D'Hericourt.

Vous en êtes étonné, mon cher ami ?

Moi aussi, je l'ai été en arrivant au pays de la guerre et de la victoire. Car là-bas, même dans les instants les plus graves, tout le monde sourit, tout le monde se prosterne. C'est le peuple de la courtoisie et de l'étiquette. Dès le débarquement nous sommes surpris d'une façon charmante.

Pour nous fournir un renseignement, pour répondre à une question toute simple, pour nous offrir un prospectus, pour nous indiquer un prix, pour tout, partout et toujours, un sourire, une révérence. Et si nous passons aux dialogues, nous comptons un mot galant pour chaque phrase, et une inclinaison de tête à chaque mot. Cette langue qui ne contient ni insultes, ni grossièretés, est pleine, par contre, de paroles flatteuses; et ce peuple qui cultive l'orgueil comme une religion, connaît les plus humbles façons de se prosterner. « C'est un pays de sourires et de révérences — dit Loti — un pays où se célèbrent mille cérémonies d'urbanité, et où, sur les chemins, se livrent des assauts de courtoisie que les Européens sont loin de soupçonner ». — Et ce que le voyageur artiste note de prime abord dans la rue, celui qui essaie de pénétrer l'âme nationale, le retrouve, agrandi, sous mille formes distinctes, au fond de toute la vie japonaise. La courtoisie est, ici, l'alpha et l'oméga. — Aussitôt arrivé à l'hôtel, nous apprenons à dire : « Monsieur le garçon » et « Monsieur le Cocher ». — Puis, dans les circonstances plus difficiles, quand les nerfs se crispent, nous trouvons à chaque pas la leçon du sourire, la leçon de la galanterie, la leçon de la douceur. Les mères qui reviennent d'accompagner jusqu'à la gare de Shimbachi leurs fils partant pour la guerre ou l'exil, sourient. Tout sourit, tout s'incline dans la vie réelle. Et si nous avons le malheur de susciter quelque haine, celui qui nous déteste nous sourit et s'incline aussi.

Pour comprendre jusqu'à quel point les Japonais élèvent le sentiment de la courtoisie, il faut se reporter aux antiques légendes poétiques.

Nous y voyons la Nature même *s'incliner* devant les chevaliers qui passent et leur faire des révérences. « Les ondes dit le *Heïké-Monogatari*, s'entrouvrirent *respectueusement* pour recevoir le corps du prince ». Et quand les samouraïs s'arrêtent sur les bords des chemins, les arbres sont *enchantés* d'avoir *l'insigne honneur* de leur procurer un peu d'ombre. Les fleuves *remercient* les avirons de *daigner* s'enfoncer dans leurs eaux. Les flèches, dans les batailles, tuent *humblement* et *respectueusement*. Ni la colère, ni la haine, ni la hâte, ne peuvent atténuer la rigidité des rites galants. Un guerrier qui va périr dans un combat, dit à son adversaire : « Je vois avec le plus profond sentiment d'admiration que vos troupes ont bien voulu nous vaincre ». Et comme le capitaine heureux offre de lui sauver la vie, en cas de capitulation, le vaincu répond : «Pardonnez-moi d'être assez grossier pour ne pas accepter la grâce que vous m'offrez; mais un chevalier qui perd une bataille doit aussi perdre la vie; faites-moi donc l'honneur de continuer la lutte jusqu'à ce que nous ayons succombé tous, moi et les miens ». Les formules pour demander un service sont extraordinaires. A chaque instant dans les lettres anciennes on relève des phrases dans le goût de celle-ci : « J'ai l'honneur de vous prier humblement et respectueusement de daigner avoir la bonté imméritée de venir souper ce soir avec moi ». Les femmes, les héroïnes de roman ne terminent jamais une lettre sans mettre au bas : « *médé-takü — kasiku* », ce qui signifie : « *Je vous salue en tremblant de joie* ». Mais ce qui peut le mieux donner une idée de la courtoisie épistolaire, c'est le texte que, dans son mémoire sur les Lettres Japonaises, le professeur Rosny a traduit ainsi : « Daignez m'obtempérer l'inappréciable privilège de vous abaisser assez bas pour m'accorder avec votre haute bienveillance l'insigne honneur de gratifier votre stupide servant de la gracieuse et excellente permission de m'obtenir de votre haute bonté la faveur de me rendre digne d'élever humblement jusqu'à vous le modeste hommage de mon profond et ineffaçable respect en me courbant timidement dans la poussière du sol que foule les nobles pieds de votre auguste personne ».

Le même écrivain dit dans un de ses livres sur le Japon, en ce qui concerne le vocabulaire du style de la correspondance, qu'il présente une foule de mots dont on ne saurait faire usage dans la conversation. On emploiera, par exemple, pour l'impératif « venez », qui devrait se dire en japonais *kitaré*, mais que les exigences de la politesse ont transformé en *o idé* « *surgissez impérialement* » dans la langue parlée, l'expression *go raï-ka* en style épistolaire, c'est-à-dire « *accomplissez votre impériale venue en voiture*, parce qu'il serait grossier, quand on écrit à quelqu'un, de lui demander de venir à pied comme un misérable valet.

Les paysans, eux-mêmes, sont courtois et fleuris autant que les Précieuses de Molière. Il y a dans la biographie du poète Baço une anecdote curieuse et significative. Deux ou trois bûcherons abordèrent en pleine campagne l'inventeur des haïkais et lui dirent : « Ton nom aromatique nous autorise à prendre la liberté d'implorer tes conseils. » Et n'allez pas croire que les écrivains exagèrent, en la reproduisant, la courtoisie du langage ordinaire. Non ! La courtoisie est une religion nationale que tous les Japonais, depuis le Mikado jusqu'au dernier coolie, observent de scrupuleuse façon. — La lecture des livres de Kyuso, nous prouve qu'à son époque, les manières de la Cour se répandirent parmi le peuple, et que même les plus misérables ne savaient pas proférer des injures ou des grossièretés. — Les simples travailleurs s'adressent la parole en termes courtois et en employant les diminutifs que leur vocabulaire comporte. « Quant aux samouraïs — dit Kiuso — leur langage est si poli et si galant que le peuple les comprend à peine. » Un militaire exilé dans une île lointaine du Nord, dut se livrer pour vivre à des travaux manuels, et malgré ses efforts pour adopter le langage de la plèbe, il n'arriva jamais à se faire bien comprendre de ses compagnons qui le considéraient comme un fou. Suivant la grammaire des hautes classes, la terminaison des verbes change avec le genre de respect que l'on veut marquer. Dire : « le domestique *portait* un panier » n'est pas pareil à dire : « le seigneur *portait* un sabre. » Les syllabes ont leurs révérences et leurs dédains, leurs respects et leurs mépris, leurs inclinaisons et leurs grimaces. Les érudits discutent souvent, pendant fort longtemps, sur la valeur des termes courtois ou galants. — Aux mœurs raffinées, il faut une langue pleine de quintessences. Tout est sujet à des lois strictes d'étiquette. Un noble peut tuer sans se déshonorer, mais il ne peut se permettre un geste grossier. Que dis-je ! Le monarque, lui-même, est l'esclave du cérémonial. « Qu'un roi ne fasse jamais un mouvement contraire aux règles ! » — dit Confucius. Et ces règles, au Japon aussi bien qu'en Chine, sont minutieuses et strictes. Le sourire, l'attitude, le geste, le langage ont chacun les siennes. Les fameuses cérémonies du thé dont parlent les anciens romans, et dans lesquelles les poètes et les samouraïs faisaient assaut de belles manières et d'esprit subtil, n'étaient pas autre chose que des tournois de courtoisie. — D'après la seule façon de prendre la petite cuiller pour mettre la poudre de la *divine plante* dans la *tasse précieuse*, on pouvait présumer du degré de culture de chaque convive. Le plus insignifiant détail était réglé par un code inviolable.

Madame Judith Gautier a décrit d'une façon délicieusement minutieuse une de ces cérémonies, présidée par la femme de l'ambassadeur japonais à Paris : « Enfin dit-elle une porte s'entrouvre et Madame Motono, très lentement, s'avance à travers le salon. Elle porte différents objets sur lesquels elle abaisse ses regards attentifs. Sous le ruissellement de ses beaux cheveux, son charmant et pâle visage a une expression saisissante. C'est une vision exquise, pleine d'évocations lointaines, de mystère, de rêve. Arrivée à la table elle y dispose méthodiquement les objets qu'elle porte, puis s'éloigne de nouveau, en rapporte d'autres. Un profond silence règne. La voici assise derrière la table. Elle s'incline vers elle en un lent salut. Puis d'un geste tranquille elle prend un bol, délache de sa ceinture un carré de soie rouge et très posément en essuie le bol, elle le reploie ensuite soigneusement et s'en sert pour soulever le couvercle brûlant du réchaud. A l'aide d'une puisette de bambou à long manche fragile elle prend un peu d'eau qu'elle verse dans le bol : c'est pour y tremper un objet léger, qui ressemble à la batteuse des œufs en neige et qui a un usage analogue; elle le secoue pour vider l'eau dans une petite vasque de porcelaine et essuie le bol avec un linge blanc qu'ensuite elle tord et reploie. Maintenant elle ouvre une petite boîte de laque noire qui contient du thé vert réduit en poudre fine ; du bout d'une très mignonne spatule elle en prend trois fois et le jette dans le bol — et trois fois la puisette de bambou verse l'eau bouillante sur la poudre ; alors, avec la batteuse, sans bruit, elle fait mousser le mélange. La plus jeune des invitées se lève, vient lentement prendre le bol et va l'offrir à une de ses compagnes, avec un salut. Avec la même lenteur paisible, la même opération recommence pour un autre bol. »

N'est-ce pas exquis de minutieuse élégance ? Oui et Madame Judith Gautier a raison d'ajouter :

« Il faut à un peuple une âme particulière pour avoir eu une telle idée. Des mœurs farouches désolent l'empire. Des poings formidables, rouges de sang, ne savent plus que manier la lance

et que frapper. Comment faire pour les ramener
à la douceur, à la paix amicale?.. Leur confier
peut-être un objet très fragile, qu'ils ne doivent
pas briser, les inviter à un travail d'une délicatesse extrême, les convaincre de l'accomplir dans
le silence et le recueillement. Et cela réussit : les
guerriers se plient au rite, accomplissent la Tcha-
no-you, se passionnent pour elle... Ce n'est plus
Orphée domptant les lions par son chant, mais
apprenant à chanter aux lions ».

À chanter, en effet, et à s'incliner, et à verser du thé
avec force révérences. La cérémonie du *cha ya* fait
partie de la religion de la courtoisie et certains acteurs n'ont dû leur fortune qu'à l'élégance avec
laquelle ils représentaient une de ces scènes. En
parlant du populaire comédien Itchikawa-Danjuro,
un panégyriste dit : « Il était arrivé à *savoir* la courtoisie d'aussi parfaite façon qu'un prince ». Cette
phrase n'est qu'une variante de celle qu'on peut
entendre tous les jours : « Un tel *sait* la courtoisie » et qui prouve que l'urbanité est une science.
On apprend à être courtois, comme on apprend à
être cavalier ou chimiste. Au XVIII° siècle, à la
mort d'Ienobou, on discuta longtemps à la Cour
pour savoir si le fils du défunt, qui n'avait que
trois ans, devait porter le deuil tout comme les
princes adultes. Le pays tout entier s'intéressa à
la question. L'érudit chinois Hayaci-Sintaï, affi-

3.

ciellement consulté, répondit : « Oui ! » ; seul le grand chef des affaires protocolaires, Hakuseki, fut d'opinion contraire. Cela fait sourire ; mais il est d'autres anecdotes qui font pleurer. Les cas où un guerrier moribond exige de ses camarades qu'ils le maintiennent incliné, conformément aux règles, en présence de leur chef, ne sont pas rares. Et que dire de ces pauvres petits soldats agonisants, trouvant encore la force de sourire poliment à leurs officiers, au moment de rendre le dernier soupir ?... Ah ! sans doute, il y a un côté artificieux dans cette courtoisie, mais elle n'en indique pas moins une forte dose d'héroïsme, de sang-froid et de maîtrise de soi-même !... Les quarante-sept *ronins* qui attendirent pendant vingt ans le moment de venger leur seigneur et qui supportèrent durant tout ce temps les pires souffrances et les pires humiliations pour augmenter encore la haine sublime qui les animait ; les quarante-sept saints de la religion de la vengeance sont les modèles classiques du calme courtois. En se trouvant seuls, en face du prince Kotsuké, leur ennemi, ils surent dominer leur soif de sang et lui dire en faisant de grandes révérences : « Seigneur, nous sommes les fidèles de Takou-Mino-Kami. Votre Seigneurie n'aura pas oublié qu'Elle eut avec Lui une querelle où notre maître trouva la mort et qui fut la ruine de sa famille.

Notre qualité d'humbles et fidèles serviteurs nous met dans l'obligation de vous prier de daigner vous suicider en notre présence. Ensuite un de nous coupera votre tête très honorable et nous irons la déposer sur la tombe de notre bon chef ». Ils se turent. Et comme le prince ne daigna pas se donner la mort de ses propres mains, les vengeurs se confondirent en excuses, et le décapitèrent « en souriant ». Le mot « souriant » est dans le texte. Les Japonais sourient toujours aux moments graves. Le personnage de Lefcadio Hearn qui disait en souriant : « Ma mère est morte hier ; mais j'ai cru ne pas devoir vous l'annoncer pour ne pas attirer votre précieuse attention sur mes misérables affaires de famille, » n'est pas une invention. — Le « boy » d'un secrétaire de l'ambassade espagnole enterra, il y a quelques semaines, sa fille aînée, sans rien dire à ses chefs. Le jour même des obsèques, il s'acquitta de son travail avec son habituel sourire. Et ne croyez pas que cela indique un manque de tendresse. Dans le monde entier, il n'y a pas de parents plus amoureux de leurs enfants que les Japonais. — En souriant, ils obéissent à une règle stricte qui ordonne de ne jamais parler de choses pénibles sans un sourire sur les lèvres. « Les raisons de cette loi — dit Hearn — sont multiples. Dans l'esprit du plus humble paysan est enracinée cette idée que laisser voir sa tristesse ou sa colère est toujours inutile, et parfois grossier. — Quand un homme du peuple est surpris à pleurer, il sèche immédiatement ses yeux et dit : Pardonnez mon manque de courtoisie ! — En plus de cette raison morale, il y a une raison esthétique basée sur le même principe qui, dans l'art grec, tempérait toujours les gestes de douleur ». Et cette règle est si scrupuleusement observée que même dans les tableaux de harakiri le protagoniste sourit toujours. Ni les tortures, ni l'agonie ne peuvent crisper les lèvres du chevalier. Dans le récit du suicide solennel de Zengaburo, Mitford fait remarquer que, tandis que tous les assistants étaient graves, la victime souriait. « Lentement — ajoute-t-il — très lentement, Zengaburo s'avance en souriant; il salue par de profondes révérences les divers groupes d'assistants; puis il s'incline au pied de l'autel, et s'assied, enfin, sur le tapis rouge où il doit s'ouvrir le ventre ». Alors, un ami lui remet le sabre traditionnel, court et coupant comme un rasoir. « Je suis le seul coupable ! » s'exclame-t-il. Et la tragique expiation commence. « Il prend l'arme — dit Mitford — la considère un moment avec intérêt, puis s'ouvre le ventre de gauche à droite, sans hâte, et à la fin, il fait une profonde inclinaison de tête ». Cette révérence sublime est la sœur de celles qui provoquent dans la rue les moqueries des voyageurs. — En aucune circonstance l'homme de Yamato ne change de manières. — Comme il salue, il tue; comme il tue, il meurt. Dès qu'il a l'âge de raison, il s'exerce à toujours être maître de soi. Sa maxime préférée est celle du *Damikasuta* : « Du général victorieux en cent combats, et de l'homme qui remporte une victoire sur lui-même, ce dernier est le plus grand triomphateur ». Et je vous assure qu'il n'est pas un Japonais, de si humble condition qu'il soit, qui n'ait pas le ferme désir d'être, dans ce sens, un grand triomphateur...

LE RIRE

Au bout de quelque temps de vie japonaise, nous nous disions : « Un peuple si cérémonieux, si compassé, si pondéré, si plein de formules et de suavité, doit ignorer le rire énorme, de même qu'il ignore les insultes et les grossièretés ». Mais bientôt, en pénétrant dans l'intimité de l'existence populaire, nous nous apercevons qu'au contraire, il n'y a pas dans le monde entier, de peuple plus joyeux que le peuple nippon. Dans les réunions familiales et dans les maisons de thé, dans les salles où les conteurs publics exercent leur ministère, dans les théâtres, dans tous les endroits où le public se réunit pour se divertir, l'éclat de rire a son heure et sa gloire. Et pour s'en mieux convaincre, il n'y a qu'à contempler les collections de masques exposées dans les vitrines du musée Ouyeno. Parmi de graves visages de bronzes qui imitent l'impassibilité énigmatique de Bouddha, parmi de féroces visages crispés de Samuraïs, des figures de rire apparaissent. Et ce sont des grimaces surprenantes, dans lesquelles le grotesque prend des proportions épiques ; ce sont des museaux pointus avec des dentures de rongeurs et des moustaches interminables ; ce sont de rondes faces félines, aux petits nez imperceptibles et aux barbes frisées ; ce sont des mâchoires énormes de bêtes féroces riant de quelque farce macabre ; ce sont des profils interminables, où les nez s'allongent comme des becs d'oiseaux fantastiques ; ce sont de grosses joues charnues, des oreilles écartées, des dents monumentales, des yeux désorbités, des nez coupés, des fronts cornus, des perruques simiesques. Ce visage velu — museau d'ours sans férocité — est celui de Ghedo ; cet autre si aplati qu'il ressemble à une lune de papier, est celui de Kogi, l'ami de Yaceonna, la femme maigre ; ce troisième avec des yeux si grands et une bouche phénoménale, celui de Hiotztoko ; puis voici le visage de Washi-Hana, avec des dents très longues et un nez en forme de spatule, visage dont on ne sait pas s'il rit ou bien s'il pleure ; et enfin, voici celui de Sho, aux moustaches plus longues que la queue d'un cheval et aux rides plus profondes que les crevasses d'une montagne. Chacun de ces masques incarne un type grotesque ou comique, endiablé ou simplement joyeux ; un type créé par l'imagination populaire, quelque chose comme le Polichinelle ou l'Arlequin des comédies italiennes. En les contemplant, réunis dans une vitrine de musée, sans savoir exactement ce qu'ils signifient, j'ai fini parfois par me croire transporté dans un Japon inconnu, où tout est rire, où tout est folie et fête. Voici justement une page de la *Mangua de Hokusaï*, dans laquelle je viens de voir danser, gesticuler, faire des pirouettes et se désarticuler, une foule d'enfants nus et qui semblaient tous porter de ces masques. « Ils sont ivres ! » dit la note d'un commentateur anonyme. Et il faut en effet, qu'il en soit ainsi. Il y a non seulement dans ces masques, mais aussi dans toute la joie nippone, quelque chose qui fait penser aux farces païennes nées pendant la vendange, parmi les pampres généreux et les grasses plaisanteries.

Aussi un voyageur français, grand lecteur d'Horace et de Rabelais, a-t-il pu s'exclamer : « Oh ! buveurs de saké, gens du Yamato, frères jaunes, ne dirait-on pas qu'en une existence antérieure nous avons vendangé côte à côte, et que nos verres se sont choqués sous les treilles latines? Je vous le demande, car il semble que vous titubez de notre vieille et joviale ébriété! » Et ne croyez pas que cette joie bachique soit une chose populacière et de mauvais ton. Les dieux eux-mêmes, tout comme leurs divins frères de l'Olympe païen, savent boire, rire et danser. Voyez Roshi, petit et gras comme le Bacchus de la décadence latine, Roshi qui ne pense qu'à danser et qu'à boire, et dont l'unique tourment est de ne pouvoir, à cause de ses bras trop courts, chasser les mouches qui se posent sur son crâne chauve; derrière lui, marche un autre dieu non moins joyeux: c'est le ventripotent Daïkokou qui gît habituellement parmi les sacs de riz et les jarres de saké, craignant toujours que les rats diaboliques ne dévorent ses provisions; voici encore Szanno qui porte sur son épaule une longue ligne au bout de laquelle se balance un poisson énorme; voici, enfin, le quatrième dieu du bonheur, — le bonheur qui ne va pas sans rires et sans richesses — voici l'adorable et adoré Hoté qui dort sur les places publiques et qui joue avec les enfants. Et ceux-là ne sont pas les seuls dieux qui rient dans l'olympe jaune. Les autres dieux, bien que plus graves, ont aussi des appétits humains et des passions humaines; ils ne se privent ni de succulentes agapes, ni de sensuelles amours, ni de fous rires. Mais quel plus exact symbole du caractère japonais dans ce qu'il a de joyeux, de comique, que cette populaire figure de Okamé, grassouillette et majestueuse, avec des yeux petits et des lèvres gloutonnes, que nous voyons partout, qui orne tous les objets usuels et que tout le monde considère ici comme un tutélaire fétiche? A force de contempler cette figure à chaque pas, un illustre voyageur a fini par affirmer que le véritable patron du Japon, c'est Aristophane.

*
* *

Aristophane! Ne dirait-on pas, en effet, lorsqu'on entre dans certains théâtres de Tokio, que les spectateurs assistent à la représentation de l'*Assemblée des Femmes*, ou de *Lisistrata*? Depuis les plus humbles spectateurs du premier étage qui restent debout, jusqu'aux hommes les plus riches qui s'éventent dans les loges, tout le monde rit inextinguiblement, tandis que là-bas, dans le fond, au milieu de décors d'une simplicité hellénique, quatre ou cinq personnages, vêtus de robes blanches qui ressemblent à des peplums, gesticulent d'une façon extravagante. « C'est l'antiquité grecque qui défile devant nos yeux! », s'écria, un soir, Bousquet, en sortant d'une représentation analogue. Et Midfort écrivit une nuit, en rentrant du théâtre : « Il me semble que je suis dans l'Athènes de l'antiquité ! » Pour ma part, dès que j'eus commencé à me familiariser avec la vie de Tokio, j'éprouvai une délicieuse sensation de paganisme. L'amour des jeux athlétiques, la majestueuse élégance des foules populaires, le sentiment poétique de la plèbe, l'enthousiasme pour les légendes héroïques, et plus fort que tout cela, la libre joie de ceux qui s'amusent font penser à l'antiquité grecque. Voyez le théâtre des foires, celui de tout le monde, celui des pauvres, des campagnards, celui qui n'a ni porte ni enseigne. C'est un théâtre-roulotte. En le voyant pour la première fois dans une foire de village, Bousquet s'écria : « C'est Thespis lui-même qui vient vers nous, précédé d'une multitude criarde et tambourinante; Thespis suivi d'un char que traînent en chantant soixante robustes compagnons ! » Sur cette scène roulante des acteurs improvisés dansent, miment, récitent des fables et interprètent des farces, avec, sur le visage, des masques burlesques. Irrespectueuses sans grossièreté et picaresques sans âcreté, ces farces ridiculisent l'humain et le divin ; les samuraïs et les juges, les nobles et les savants, les grandes courtisanes et les dames de la haute société, les gens d'église et les gens de gouvernement, tous et toutes apparaissent sur le tréteau populaire. — Voyez ce que l'on interprète à présent. La scène représente un temple. Le bonze, agenouillé, médite. Soudain entre un bourgeois qui dit d'une voix joyeuse : « Ma femme est morte, et pour honorer sa mémoire, je te supplie, ô, Saint homme d'écrire une prière ! » Le bonze prend son pinceau et trace les caractères sacrés. Puis il remet l'épigraphe en disant : « C'est dix yen ! » Le veuf sursaute : « Dix yen ! Mais ma femme, même en vie, ne les valait pas ! » Le bonze, impassible, répète : « C'est dix yen ! » La discussion se prolonge, et à la fin le bourgeois s'exécute, et se met à pleurer en disant : « C'est maintenant que je déplore sincèrement la perte de ma pauvre compagne ! » L'intrigue vous le voyez est sans grande importance. Toute la saveur tient dans le dialogue, dans les gestes, dans les jeux de mots, dans les allusions. Autre farce populaire : un moine sort de sa cellule, et se dirige vers le temple ; mais en passant devant l'appartement du supérieur, il renifle une odeur de poisson. Or, les religieux n'ont le droit de manger que des végétaux. Notre moine, intrigué, s'arrête donc, entre et demande :

— Que manges-tu, frère ?

— Un saumon salé.

— Ah ! très bien !... Et quel est l'arbre qui produit ce fruit ?

— Le saumon n'est pas un fruit : c'est un poisson, frère.

— Très bien ! ce qui signifie que nous avons le droit de manger du poisson, frère.

— Mon frère ! Mais je suis en train de célébrer la cérémonie de l'*indo*, pour conduire une âme dans l'autre monde.

— Un *indo* au poisson ?

— Oui, frère ! Ce poisson est mort, et le poisson mort ressemble à une branche sèche. Si je jetais ce poisson à l'eau, est-ce qu'il pourrait nager ? Non n'est-ce pas ? Il n'est donc plus un animal. L'*indo* saint consiste à lui dire : saumon, entre en moi et consacre-toi avec moi à l'éternelle béatitude. C'est tout frère.

Le moine s'éloigne, en faisant de profondes génuflexions. Il s'en va vers l'étang du temple ; il y pêche une sole énorme, et la fait frire. Les autres religieux s'indignent.

— Eh ! vous avez tort, frères ! — leur dit le moine malicieux. — Ce que je fais est un *indo*. J'ai dit à cette sole : « Dans l'eau de l'étang tu es loin des dieux, et dans l'impossibilité de les adorer comme il convient, tandis que dans mon estomac, tu te trouveras mêlée à toute ma vie mystique ». C'est tout, frères !...

Sortons de l'église et entrons dans les palais aristocratiques. Un daïmio remet à son secrétaire la somme nécessaire pour acheter un cheval. Le secrétaire se dirige vers la ville voisine, mais chemin faisant, il rencontre un filou qui lui dit : « Pourquoi aller si loin acheter un cheval? Avec ce que tu as dans ta poche, tu pourrais m'acheter le marteau magique de Daïkokou, grâce auquel on obtient tout ce que l'on désire ». L'ingénu secrétaire accepte le marché et retourne au palais de son maître. Celui-ci, après avoir entendu le récit de ce qui s'était passé, lui ordonne ironiquement de demander un cheval au marteau. « Dans cinq minutes il sera là! » répond le secrétaire. Le daïmio s'éloigne; et comme, lorsqu'il revient, il aperçoit le crédule serviteur toujours seul, il feint de le prendre pour un cheval, lui grimpe à califourchon sur les épaules et l'oblige à tourner, ainsi chargé, tout autour de la scène.

Ces farces représentées avec la débordante fantaisie propre aux Japonais, sont ce qui provoque chez le peuple les inextinguibles explosions de rire que Toyokuni a perpétuées dans ses estampes théâtrales.

Mais point n'est besoin de recourir à la littérature populaire pour comprendre combien ce peuple est joyeux et moqueur. Dans les pratiques religieuses mêmes, il y a de la joie; et ainsi que l'a fait remarquer Lefcadio Hearn, l'apparence souriante de la foi nationale est vraiment exquise.

Les cours des temples sont de joyeux bazars. Les enfants jouent et rient sous les porches. Pour représenter les vertus théologales du bouddhisme, les architectes du temple sacré de Nikko se servirent d'une admirable collection de singes qui se ferment la bouche en signe de discrétion, qui se ferment les yeux en signe de foi, qui se bouchent les oreilles en signe d'éloignement du monde, ou qui fuient des sacs pleins d'or en signe de désintéressement et de probité. De ce bas relief fameux, s'est inspirée à travers les siècles la muse populaire, et le singe, dans toutes ses postures, est devenu un motif inévitable d'art décoratif. Les gardes des épées, les pipes, les tabatières, les fourneaux à tabac, les petites boîtes de drogues, les nestkés, tout ce qui est d'usage courant, se pare de simiesques fantaisies. Le singe est le symbole comique de l'homme. Les Japonais lui mettent des lunettes ; l'habillent en soldat, en juge ou en bonze ; lui donnent des attitudes de méditation ou d'héroïsme ; l'asseoient au bord des rivières avec une ligne entre ses mains velues ; le représentent en des postures galantes et hardies ; ils le font lutter, s'enivrer, jouer de la guitare. — Après les singes, viennent les poissons. Avec une science consommée de l'art de la caricature, les artistes donnent aux anguilles des sveltesses de courtisane et convertissent les merlans en importants seigneurs. Quant aux grenouilles, également populaires dans l'art comique, il faut voir comment elles s'allongent en des mouvements coquets pour danser ou se servir du sabre classique, et comment dans d'autres cas, elles s'élargissent et couvrent des surfaces considérables, comme des taches d'huile. — Tout cela, plus peut-être que par son expression et par sa nouveauté, a une importance véritable par son abondance. Le rire ainsi cristallisé, formant part de la quotidienne vie japonaise, le gros rire éclatant de toutes parts et participant à toutes les fonctions de l'individu, indique le caractère national et prouve que chez l'homme, l'extrême courtoisie, l'extrême étiquette et l'extrême fierté ne sont pas incompatibles avec l'extrême bonne humeur.

LA BEAUTÉ DES TEMPLES

Pour Jean de Mitty.

J'ai passé la Porte divine. Sans m'arrêter aux cités laborieuses, je suis venu jusqu'au cœur même du pays pour y écouter, dans la paix suprême de ces soirées estivales, les voix millénaires de la forêt, de la légende et des torrents. La maisonnette que j'habite, est suspendue dans l'espace comme un de ces nids, qui dans les tableaux d'Hokusaï, se maintiennent par un prodige d'équilibre au haut des murs vétustes. Quand j'ouvre mes croisées de papier blanc, le parfum des lys pénètre dans la pièce avec des chants de cigales et des murmures de feuillage. Là-bas, là-bas, un torrent inonde le creux du vallon de céleste écume. Mais que dis-je un torrent ?... A chaque cent pas, on découvre un nouveau cours d'eau. Voici d'abord le Ziakko qui descend noblement par un escalier d'honneur fait de quartiers de roches superposés ; ensuite, le Zi-kuan-no-taki, célèbre dans le monde entier par la froideur de ses eaux ; un peu plus loin, le Daï-ya-Gava, l'une des huit merveilles classiques du Japon ; et plus loin encore, le Sira-Ito, ainsi nommé parce qu'il ressemble à une ondulante chevelure d'argent. Les poètes ont gravé, sur les pierres de cette région, bien des vers en l'honneur de ces chutes d'eau. « On les prendrait — dit une de ces inscriptions — pour des vides bleus, tellement elles sont transparentes. » — « Quand je baigne mon front dans leurs eaux — dit une autre — toutes mes peines s'évanouissent. » — Et une troisième : « Ce cours d'eau ressemble à l'albe ceinture de mon idole quand elle tombe à ses pieds, à l'heure sainte de l'amour. » Ces inscriptions dénoteraient, dès l'abord, qu'on se trouve en pays de poétiques traditions, si le nom seul de la montagne ne suffisait pas pour nous l'apprendre. Les Japonais affirment que celui qui n'a jamais vu Nikko, ignore la Beauté. Même ceux qui, comme Kipling et Loti, vinrent ici avec la préméditation de tout dénigrer, durent reconnaître qu'ils se trouvaient dans le plus beau sanctuaire artistique de la terre. — Le fameux Dresser a écrit : « Ce sont des merveilles de couleur, comparables à l'Alhambra mais qui lui sont même mille fois supérieures. » Et malgré son hyperbolique apparence, cette phrase n'est que l'expression de la plus stricte vérité.

Nikko, de même que tous les lieux saints du Japon, a des origines miraculeuses.

Son fondateur, Siodo-Sionin, fils de Takafusinosuké, naquit dans la province de Simodzune, le vingtième jour du quatrième mois de l'an VII de Tem-Pei. — Dès sa plus tendre enfance, il se montra si pieux que ses compagnons le surnommèrent : « insecte d'église. » — Il avait sept ans ans et se trouvait dans un temple, quand lui apparut un ange qui lui dit : « Je suis Scisiumei-Seiteinsiu. Au nom des dieux, je te concède la Sagesse !.. » Très modeste, l'enfant savant garda en secret sa science infuse. A vingt ans, il s'enfuit de la maison paternelle pour aller méditer dans une grotte d'Idzuru. Il y passa trois années. Puis il passa trois autres années, solitairement, dans une nouvelle grotte. En l'an I de Tem-Pei-Zengo — qui correspond à l'an 767 de notre ère — il se sentit poussé vers la montagne par des voix mystérieuses. Il marcha jour et nuit, sans repos, jusqu'à arriver, enfin, au bord du bleu Inari qui forme tant de cascades. Les eaux étaient très hautes, et on n'apercevait, dans tous les environs, nulle trace de gué. Le saint pélerin s'agenouilla; il resta ainsi durant près d'une semaine. Les forces commençaient de l'abandonner, quand un ange, pareil à un démon, lui apparut sur l'autre rive et, lui montrant deux énormes serpents, prononça ces paroles : « Je suis Sinsia-Daïo. — Quand Guen-So et Sam-So quittèrent la Chine pour aller au pays des Indous, ils purent, grâce à leurs prières, traverser le désert. Je veux que tes prières soient, elles aussi, récompensées : passe ! » A ces mots les deux serpents se lancèrent en sifflant, et formèrent de leurs corps un pont sur lequel Siodo-Sionin marcha pour aller fonder le temple de Nikko.

L'érudit cicerone qui me dévoile ces origines, craignant, sans doute, que j'ajoute peu de foi à ses paroles, me cite, à l'appui de ses dires, un livre sacré que l'on appelle le « Boco-kon-ritsuki. »

— Les docteurs chinois, ajoute-t-il, ont étudié la vie miraculeuse de Siodo-Sionin, et ils ont acquis la certitude que ce fut un grand saint auquel il faut croire. Si vous voulez, je vous traduirai, dès notre retour à l'hôtel, un passage des chroniques de Sikomé qui finira de vous convaincre.

Point n'est besoin d'avoir recours aux livres du Céleste-Empire pour comprendre que tout ceci ne peut qu'avoir une origine divine. — Voilà justement une tour qui se dresse au milieu de cryptomerias, et dont la beauté proclame l'authenticité des miracles. — L'architecture du Nikko est un miracle : miracle d'art et de somptuosité. Le rêve même conçoit difficilement tant de splendeurs. C'est une réalité qui fait pâlir la plus vive imagination. C'est quelque chose de plus beau, de plus délicat, et à la fois de plus énorme, que tout ce que nous ont montré les contes de fées ou des « Mille et une Nuits ». Lisez les livres des voyageurs, et partout, chez Dresser comme chez Loti, chez Lovel comme chez Kipling, vous noterez la même impuissance à décrire cette merveille. « C'est impossible, disent-ils, complètement impossible ! »

Par des allées de cryptomerias gigantesques, nous arrivons à l'endroit où se trouvent réunis, dans un espace relativement restreint, les trois grands temples. De loin, vous entrevoyez une pagode au milieu des arbres, une pagode avec cinq toits superposés et peints de bleu, et des murs rouges couverts de filigranes. Ce seul monument suffirait pour sauver un peuple de l'oubli. Ici, on ne lui donne pas plus d'importance que chez nous à un simple clocher. Sur les lambris, des singes peints représentent les vertus. Il en est qui se bouchent les yeux et les oreilles : discrétion ; d'autres qui s'immobilisent en des attitudes de recueillement : foi ; d'autres encore qui s'entraident à escalader des roches escarpées : charité. Et tous ces corps velus et toutes ces faces grotesques ont une force d'expression si intense, qu'après les avoir vus, on ne peut plus les oublier : leurs gestes simiesques vous restent gravés dans la mémoire. Les proverbes japonais s'inspirent, à travers les siècles, des attitudes de ces singes. Quelques pas plus loin, un mur qui entoure un sanctuaire, présente une surprenante décoration sculptorique de fleurs et d'oiseaux : des oiseaux et des fleurs qui se mêlent et se combinent pour former des groupes capricieux où les ailes rutilantes des faisans et les queues irisées des paons font ressortir les violences de tons des roses et des pivoines. Chaque fleur, chaque oiseau, chaque insecte est un joyau d'art. Les plus illustres sculpteurs passèrent des années et des années à fouiller ce bois que les peintres les plus fameux colorièrent ensuite avec un patient réalisme.

Les dieux qui gardent les portes de chaque temple sont aussi des œuvres d'un mérite très grand. Celui-ci, qui escalade une roche, c'est Daïkokou, le dieu de la fortune ; sa chevelure est faite de cornes entremêlées, et dans son sourire, il y a quelque chose de féroce ; ses mains crochues retiennent avidement un sac replet ; le foulard qui entoure son cou est un tissu d'or et de pierreries. Dans une autre niche, un démon, enfermé dans une cage de laque, gesticule et danse en ouvrant des yeux si grands qu'on en voit jusqu'aux nerfs intérieurs. Tout à côté, par un de ces contrastes coutumiers à l'art japonais, Benter, le dieu de la Beauté, sourit de son sourire qui guérit tous les maux... Et celui-ci qui se dresse, superbe, brandissant une massue d'or, qui est-ce ? C'est, sans doute, Bizhamon, patron des samouraïs...

Quant à cet autre, à l'air toujours joyeux et dont le rire semble si franc, c'est sûrement le bon Hoteï, patron des buveurs, divinité rabelaisienne qui ressemble à quelque Bouddha ivre...

Pénétrons dans l'un quelconque des trois temples : dans l'un des deux plus grands, par exemple ; dans le Iyemitsou, ou dans le Iyeyassou. — Ce Iyemitzou a des portes d'or qui rutilent comme des calices, et son toit bleu de ciel avec des ornements dorés ressemble à un énorme bloc de jade. — Au Iyeyassou, les portes paraissent des dentelles de couleur et sont précédées d'une colonnade en ivoire. Les cinq marches d'escalier qu'il faut monter pour arriver sur le seuil, sont en bronze. — Quant aux murs intérieurs, aux plafonds et aux ornements, ils sont, dans les deux temples, également admirables. Plus que deux édifices différents, ce sont deux exemplaires du même sanctuaire. Les couleurs, les motifs, les proportions, tout se répète de l'un à l'autre. « De ces deux palais de dieux — dit Pierre Loti — on ne sait vraiment pas quel est le plus beau, et il est étrange qu'un seul peuple ait pu arriver à bâtir ces deux jumeaux. »

En pénétrant dans l'enceinte sacrée, on sent une impression de surnaturel s'emparer de l'âme. Et comme les temples japonais ne sont pas aussi vastes que les cathédrales chrétiennes, et comme ils ne sont pas faits pour les foules, mais bien pour les aristocraties, la vue embrasse de suite tous les détails. — Partout des ors, des laques, des ivoires, des jades, des bronzes, des soieries, des filigranes. Les bois précieux dont est faite l'architecture proprement dite, sont sculptés jusque sur leurs superficies les plus occultes. Les dragons tutélaires s'allongent aux frises et se traînent au bas des murs, formant des groupes mystérieux ; avec leurs yeux de feu, ils semblent les gardiens de tant de trésors, les bergers de tant de troupeaux. Car il est incalculable le nombre des animaux qui s'entassent dans ces temples. Les lions ailés, avec des queues de poissons et des crinières interminables, s'accrochent aux poutres. Les paons traînent leurs plumages, aux proportions fabuleuses et qui se teignent d'or et de pourpre. Les ibis arrivent avec le bec jusqu'au plafond, et à leurs pieds, les chiens à têtes de crocodiles ouvrent des gueules affamées. — Des êtres effrayants, moitié taureau et moitié rat, soutiennent des reliquaires avec des bras humains. Aux chapiteaux, des serpents multicéphales, à corps triangulaire, s'enroulent et redescendent pour former des colonnades salomoniques. — Puis, aussi nombreuses et aussi diverses que les dragons, viennent les chimères, les blanches chimères aux ailes de phénix, qui nichent au-dessus des portes et occupent les espaces vides entre les panneaux, ou se dissimulent parmi les branches et les fleurs.

Les Japonais, qui prêtent aux animaux de si horribles grimaces, savent parer les plantes de séductions inconnues dans tous les autres pays du monde. — On devine tout de suite que les corolles et les tiges ont, pour eux, quelque secret sacré. « La terre — dit une hymne sintoïste que les prêtres de Nikko chantent aux cérémonies du culte — la terre est la mère à qui tous les êtres doivent la vie. C'est pour cela que tous les êtres l'adorent. — Les grands arbres et les herbes menues, les pierres et les grains de sable que nous foulons, les eaux et les vents, le bruit des torrents, le chant des oiseaux et le parfum des fleurs sont des strophes en l'honneur de la terre. » Parmi les autels privilégiés, le plus populaire est celui que l'on a consacré à ce personnage de l'antique légende qui sauva la vie à un saule fleuri. Les fleurs sont saintes au Japon : elles vivent, elles aiment, elles ont des caprices et des désirs. Parfois, pour ne pas se laisser détacher de la tige sur laquelle elles naquirent, elles s'effeuillent et meurent. D'autres fois, en voyant tout près d'elles un joli papillon, elles se penchent vers lui, essaient de le caresser, frissonnent de plaisir. — Les sculpteurs les ont représentées, ici, dans toutes leurs métamorphoses, dans toute leur splendeur. Il y a un plafond de chrysanthèmes, d'hortensias, de lotus et de lys, qui forme la plus délicieuse symphonie de tons pâles que l'on puisse rêver : rose défaillant, bleu de ciel et or vert. Au centre, une corolle immense se transforme en femme. Mais il serait impossible de décrire, même rapidement, tous les plafonds. Il en est, avec des poutres sculptées et dorées sur fond blanc, qui produisent des jeux d'ombres énigmatiques ; il en est qui sont entièrement couverts de phénix peints parmi des branches fleuries, et d'autres, d'hydres vertes qui se retordent sur des écussons d'or ; il y a des médaillons minuscules, ciselés et émaillés comme des joyaux de prix. — Et que dire des murs de laque? Un seul, celui qui, dans le temple d'Yemitsou, entoure le maître-autel, est si merveilleux, si riche et si parfait, que l'imagination la plus fertile ne saurait le concevoir aussi beau qu'il est en réalité. Figurez-vous un paravent sculpté par de grands artistes, couvert de cuivres qui seraient des dentelles de métal, un paravent de dix mètres de haut, sur cinquante ou soixante de long ; figurez-vous le, rutilant d'or, brillant de laque, irisé de couleurs — et vous aurez une idée de ce qu'est ce mur ; mais une idée bien pâle et bien faible....

———

Oui, la parole humaine est impuissante à décrire ces merveilles d'art, de grâce, de lumière, d'harmonie et de somptuosité. Dire, par exemple, que les plus grandioses architectures européennes paraissent misérables, comparées à celles-là, cela ne suffit pas. Quelle différence entre l'intensité de la sensation que l'on éprouve et la froideur de la phrase en laquelle on essaie de l'exprimer !... On ne peut que répéter avec Rudyard Kipling : « Ce travail est fait comme aurait pu le faire un dieu ! » Et quant aux toits d'or, aux murs de laque, aux tours d'ivoire, aux lanternes de bronze, quant à leurs couleurs et à leurs lignes, quant à leur richesse et à leur élégance, il faut se contenter de les admirer et de crier comme les êtres simples : « Divin ! », en renonçant à les décrire, ou même à en donner seulement une idée.

L'EMPEREUR ET SA COUR

« Le Mikado!... Le Mikado!... et à mesure que la nouvelle circule de bouche en bouche, la foule déserte les petites boutiques et se dirige en hâte vers le boulevard Guinza. Les policemen, vêtus de blanc, forment une haie discrète. Et voici enfin le carrosse, aux huit glaces limpides, le carrosse impérial, à l'intérieur duquel Sa Majesté s'immobilise en une rigide attitude de figure de cire. Derrière, trotte une escorte de minuscules dragons. La foule se découvre respectueusement. Nulle pompe, nulle splendeur.

Et devant un tel spectacle il est impossible de ne pas se remémorer les somptuosités tragiques des Mikados d'antan. Ah! ceux-là étaient vraiment des êtres divins, redoutés et adorés! Le peuple les vénérait avec une superstitieuse terreur. Leurs litières étaient des chars mystérieux que nul regard humain ne devait profaner. En avant, couraient, en gesticulant, des centaines de fiers Samouraïs ordonnant que toutes les issues fussent closes sur le passage du cortège. Voir le souverain était se rendre coupable d'un crime que l'on payait de sa vie. Sa Majesté portait les titres de Fils du Ciel, Dieu vivant, Verbe saint. Jamais ses pieds augustes ne devaient se poser sur le sol. Les objets qui lui servaient durant ses repas devaient être brûlés immédiatement après, afin que nul mortel ne pût toucher ce que ses mains sacrées avaient effleuré. Son pouvoir, comme sa grandeur étaient illimités. On déposait et gardait religieusement dans les temples les fragments de ses ongles et les cheveux qu'on lui coupait. Hommes et choses : tout lui appartenait. Ces antiques splendeurs, que tous les amoureux du passé évoquent avec mélancolie, doivent être, pour le Mikado actuel l'objet d'une angoissante obsession et lui susciter d'amers regrets.

Car il n'existe pas d'âme aussi profondément antieuropéenne que celle de ce monarque asiatique, vêtu en général français, et nul de ses sujets n'est aussi profondément antimoderne, quoiqu'il ait un Parlement à la dernière mode.

*
* *

Nous, les Occidentaux, nous sommes portés à croire que le souverain japonais actuel est le facteur principal de la transformation du Japon. Japon. Erreur profonde! Le contraire est évident, pour ceux qui observent jusque dans les actes les plus infimes de son existence. Son âme est essentiellement asiatique et c'est uniquement la coutume ancestrale de se soumettre à la tyrannie des clans politiques ou militaires qui l'a conduit à collaborer efficacement — quoique de façon platonique — à la modernisation de son empire. Les antiques souverains se soumettaient aux *shoguns*. Celui-ci est un instrument dans les mains de ses ministres. Et, s'il est vrai qu'il a conquis la liberté de vivre, selon sa fantaisie, hors du palais austère de Kioto, il est incontestable que son indépendance individuelle lui ôte le privilège de la pompe royale. Les carrosses d'aujourd'hui sont moins luxueux que ceux d'hier et l'auréole qui nimbe son visage olympien commence à pâlir, à force de briller au grand jour sans être abrité par les voiles du mystère. — « Aujourd'hui, dit le comte de Pimodan, dans une de ses *Lettres de Tokio*, les antiques croyances, encore intactes chez le peuple, s'évanouissent peu à peu, surtout parmi la jeunesse des classes dirigeantes, et si les *modernes* considèrent toujours leur Empereur comme le palladium du pays et vénèrent en lui l'héritier de la plus ancienne race du monde, ils doutent cependant de sa divinité. Rien de plus caractéristique que l'attitude des pairs et des députés lors de la cérémonie de l'ouverture des Chambres. Les premiers, gardiens fidèles des antiques traditions, en s'inclinant profondément devant leur souverain, semblent regretter de ne pouvoir se prosterner complétement, empêchés qu'ils sont par les hauts dossiers de leurs bancs et par la raideur de leurs uniformes européens tout chamarrés de broderies. Mais les députés se bornent à saluer respectueusement le Mikado; attentifs et déférents, ils écoutent son discours et leur attitude correcte laisse deviner un sentiment que nous pouvons qualifier de « conscience d'hommes libres connaissant leurs devoirs et leurs droits. »

A la cour, nul n'ignore cela, et Sa Majesté moins que quiconque. La perspicacité est une vertu d'Extrême-Orient. Mutsu-Kito sait parfaitement que dès à présent tous les nobles et tous les samouraïs ne le vénèrent plus religieusement. Et c'est de cette conviction que son âme asiatique, son âme pénétrée de l'origine solaire de la dynastie, souffre en silence.

*
* *

Mais si les classes élevées ont perdu la foi impériale, il n'en va pas de même du peuple qui reste toujours fanatique du Mikado. Il ne faut pas croire en effet que les Japonais voient en Mutsu-Kito un souverain plus ou moins grand que ses prédécesseurs. Le pays peut avoir changé en tout, excepté dans son respect platonique et superstitieux envers l'Empereur qui n'est pas un homme, ni un héros, mais un symbole, quelque chose comme l'emblème de la patrie. « Son nom, dit Chamberlain, n'est jamais prononcé par personne, et reste certainement ignoré de l'immense majorité de la nation. Il est l'Empereur, rien autre chose que l'Empereur et non une personne définie dont l'individualité soit connue comme celle de Guillaume II, ou moins encore familière comme l'était celle de la reine Victoria. Le peuple le vénère de loin, tel un Dieu. Et ces étrangers bizarres qui viennent nous demander si Sa Majesté l'Empereur du Japon est populaire, ignorent totalement ce que l'on entend, en Extrême-Orient, par ce titre de Majesté. » Le Mikado est, en effet, fils du Soleil; par conséquent, qu'il soit enfant, adolescent, vieillard ou jeune encore, faible ou fort, grand ou petit, personne au monde, nul shogun, nul parti n'ose même songer à essayer de le détrôner. L'institution impériale persiste et persistera éternellement malgré l'orgueil sanguinaire des grands seigneurs, parce qu'en elle se perpétue l'inébranlable foi des Japonais dans leur origine céleste. Ils adorent leur souverain quel que soit son nom ou sa valeur, parce que, de cette façon, ils s'adorent eux-mêmes. C'est ainsi que le souverain futur qui succèdera à celui qui règne actuellement sera, lui aussi, une icône intangible, bien qu'il ne soit pas fils de l'Impératrice. En effet, cette Majesté — reine de porcelaine qui apparut à Pierre Loti comme une image arrachée d'un temple — n'a jamais eu d'enfants. Les princes et les princesses sont tous fruits d'amours illégales. « Seulement, dit le code Nippon, la dignité d'épouse impériale lui confère le titre de mère légale de tous les enfants des concubines de l'Empereur. »

*
* *

Heureuse impératrice qui, à l'instar des fées des contes, sait être mère sans souffrir les douleurs de l'enfantement ! Son nom aussi est féerique. Elle se nomme Printemps ! Mais hélas, l'œuvre du temps n'a rien laissé de printanier à son visage. L'Almanach de Gotha dit qu'elle naquit en 1850. Pour ce qui est de ses costumes et de ses habitudes, il faut s'en référer aux historiographes de la Cour. L'un d'eux écrit : « Toujours vêtue à la mode occidentale, la souveraine porte avec élégance des robes magnifiques quoiqu'un peu chargées. Je me rappelle l'avoir vue, à la fin d'une réception qu'elle présidait en l'absence de l'Empereur, presque étouffée sous le poids de son grand manteau de cour dont la longue traîne brodée d'énormes chrysanthèmes, entravait péniblement sa marche ».

Par sa bonté, sa beauté, son inépuisable charité, l'Impératrice est adorée de tous ceux qui l'entourent. Un grand nombre d'œuvres de bienfaisance sont patronnées par elles, mais celle qui absorbe plus particulièrement ses soins et sa vigilance est la *Société de secours aux blessés*, parfaitement organisée au Japon. Cette bonté, cette beauté, cette distinction, sont les trois vertus qui ont permis à Sa Majesté Printemps de triompher de ses rivales dans le cœur du souverain qui ne voit dans ses concubines officielles que d'éphémères et voluptueux jouets ou de matérielles reproductrices de la lignée impériale.

**

Les concubines officielles ? Ne semble-t-il pas invraisemblable qu'une telle institution ait pu résister au courant modernisateur du pays? Elles sont toujours là, en cette Cour parlementaire ouverte à la diplomatie cosmopolite, de même qu'au temps jadis, au temps de ces princes que nul mortel ne pouvait apercevoir. Seules, elles conservent les vestiges de la splendeur d'antan. Et rien n'est plus étrange que les descriptions dans lesquelles nous voyons figurer entre les groupes de messieurs en jaquette et de dames vêtues du costume tailleur yankee, le groupe pittoresque et voluptueux des *mekakés*. Un ministre espagnol raconte dans ses Mémoires écrits après une récente fête au palais : « Mutsu-Hito, le mikado, était vêtu d'un uniforme de généralissime, avec un pantalon collant bleu foncé, à bandes blanches, un dolman à brandebourgs noirs, un képi à la française et un sabre. Le cortège se forma ayant à sa tête le grand majordome, suivi de deux gentilshommes. L'Empereur précédait de quelques pas les Princes en uniformes militaires. A distance respectueuse, marchait la première concubine vêtue à la japonaise. Elle portait un costume se composant d'un *jakama* de riche soie pourpre et de plusieurs *kimonos* de broché superposés, magnifiquement brodés d'or. Sa coiffure était aussi simple qu'originale : tous ses cheveux étaient rejetés en arrière, formant sur la nuque — à force de cosmétique et d'huile de camélia, —

une sorte d'éventail japonais, dont le manche retenu par un anneau d'or enserrant les cheveux, arrivait jusqu'au milieu du dos. De même façon étaient parées les douze *mekakés* ou concubines impériales, qui suivaient, deux par deux, dans le cortège. »

*
* *

Ceux qui, il y a quelques années, assistèrent aux solennelles funérailles de l'Impératrice-mère, conservent de cette cérémonie un impérissable souvenir.

Quoique Sa Majesté fût morte à Yeddo, ses restes furent transportés à Kioto, car, suivant les antiques croyances, « son âme ne pouvait abandonner son corps qu'après avoir traversé le Pont des Ombres ». La cérémonie, d'après la description officielle française commença au crépuscule et se termina à l'aube du jour suivant, « afin que la lumière du soleil ne pût en être offusquée ». Le long cortège cheminait lentement à travers toute la ville pour arriver au Pont des Ombres. Les uniformes modernes des grands dignitaires, des officiers et des soldats se mêlaient aux habits multicolores des prêtres. Le prince Arizugawa, vêtu de blanc, selon les rites, conduisait le deuil, derrière le funèbre carrosse de laque, tiré par trois bœufs de robes différentes et marqués d'une étoile entre les cornes. Les roues du char grincèrent péniblement en tournant sur leur essieu et avancèrent lentement jusqu'à ce que l'on eût franchi le Pont des Ombres où le cortège devait s'arrêter.

Alors quatre samouraïs chargèrent sur leurs épaules le cercueil qui renfermait les restes de la souveraine. La nuit était froide et claire. « Quant à nous — dit le récit — respectant les usages japonais, nous étions sans manteau, c'est complètement gelés que nous montâmes une côte bordée de pins aboutissant à un immense bois, au centre duquel s'élevait un grand pavillon construit en planches et illuminé par des lampes électriques. De luxueuses tentures de crêpe noir couvraient les murs et sur de grands écussons rouges flottaient des trophées de drapeaux blancs. Les porteurs du cercueil pénétrèrent dans la salle et déposèrent leur funèbre fardeau sur une haute estrade élevée au centre. Les saintes formules commencèrent et les officiants entonnèrent des cantiques, accompagnés par des mélopées jouées sur des flûtes antiques dont les notes aiguës précédaient chaque verset, nous remettant en mémoire quelques-unes des émouvantes modulations de la *Marche funèbre* de Chopin. Après, un bonze prononça le panégyrique de la défunte impératrice, célébrant ses innombrables vertus.

5.

Et, finalement, les prêtres déposèrent sur le catafalque les offrandes symboliques : du riz, des fruits, et des gâteaux. Ensuite le cortège défila devant le cadavre, chacun lui jetant, au passage, un rameau de lauriers. »

Tel fut le cérémonial des dernières funérailles suivant les antiques usages japonais, funérailles symboliques, enterrant non seulement une impératrice, mais avec elle tout le passé cérémonieux et magnifique des séculaires usages de la cour des Mikados.

LA DANSE SACRÉE

En pénétrant dans le sanctuaire de Nikko par l'avenue des Cristomerias, la première chose qui surprend ceux qui ne sont pas initiés aux secrets des religions asiatiques, c'est la danse sacrée. Dans sa loge haute et étroite, en face de la pagode aux cinq toits d'or, la danseuse se dresse, hautaine et rythmique. Elle est la gardienne de la montagne des dieux, la prêtresse du culte millénaire, la conservatrice de la coquetterie sainte. Car ce qu'elle danse ici-bas, devant les humains, c'est aussi ce que la déesse du Soleil danse au ciel, devant les dieux assemblés. Le mythe a une origine très féminine. Amaterasu va pénétrer dans sa grotte. Sur le seuil elle s'arrête, interdite : au fond de la grotte une image céleste apparaît. Amaterasu sourit, l'image sourit ; Amaterasu s'incline, l'image s'incline. Alors, mue par une force irrésistible, la déesse danse, danse longtemps, et en face d'elle, comme elle, l'image danse également. Les dieux s'approchent, voient ce spectacle et découvrent, au fond de la grotte, un miroir. La déesse du Soleil le choisit pour emblème, et chaque soir, dans la gloire de son crépuscule, elle ondule rythmiquement devant lui, heureuse de se sentir jeune et de se voir belle.

*
* *

Celle qui, dans ce temple éloigné, conserve vivante la réalité du rite, est une délicieuse enfant de quinze ans qui, dans son ample tunique rouge recouverte de voiles blancs, semble véritablement une apparition. Ses mains sont d'une délicatesse idéale, et son visage est un ivoire doré par la fumée de l'encens. Sur ses lèvres pâles erre un sourire qui n'a rien d'humain, qui ne s'adresse à personne, un sourire d'éternité comme celui de ses sœurs, les déesses de pierre. Quant à ses yeux, je n'en ai jamais vu d'autres au regard aussi tranquillement scrutateur, un regard qui semble chercher, au-delà de ce que les hommes peuvent percevoir, ce que lui seul voit :

l'image du miroir divin probablement. Dans sa danse même, il y a quelque chose d'absent, ou plutôt de lointain, quelque chose qui n'est pas pour nous, mais pour des êtres invisibles. Les pieds menus vont, viennent, tournent, toujours à une cadence lente, trouvant des poses hiératiques qui produisent parfois une impression de quiétude définitive; ils vont et viennent, les pieds minuscules; et les mains idéales s'élèvent en ouvrant un éventail, en faisant sonner un bouquet de grelots; ils vont et viennent; ils vont très loin, et viennent de régions que nous autres nous ne distinguons même pas...

*
* *

Dans d'autres temples, les danses sacrées se sont modifiées à travers les siècles. En les adoptant malgré leur origine sintoïque, le bouddhisme y a introduit des splendeurs hindoues. L'inspiration des poètes leur a fourni aussi des caprices et des fantaisies, faisant de ce qui n'était au début qu'un symbole de coquetterie, un langage complet de sentiments et d'actions. L'histoire nous parle d'une danse, célèbre entre toutes, que les nobles appelèrent : « Le costume de plumes de la fée. » Une fée la dansait et ses mouvements semblaient dire : « Ce pays-ci m'enchante et je n'ai pas la force de le quitter pour retourner au ciel natal. Voici la lune dans un espace sans nuages, la lune dont les rayons baignent les plages de Xiyomi; puis voici le jour dont les traits d'or naissent sur le mont Fuji. Et voici quelque chose de plus beau encore: voici Miho, Miho, où le ciel et la terre se joignent; Miho, où les empereurs reçurent des dieux la vie; Miho, qui est un printemps éternel. Mais qu'entends-je ? La tempête ! Les pêcheurs retournent livides ! Non, non; ce n'est pas possible. Je me trompais. Ce sont des chants angéliques dans le ciel. Les montagnes s'élèvent distinctes dans le bleu de l'éther.

« Les guirlandes de cheveux des femmes flottent au vent. Mais, hélas ! le moment de la séparation est arrivé. Le ciel me réclame. » La danse ainsi comprise, entourée d'une préoccupation idéologique, ne peut avoir la grâce inconsciente dont le mythe original l'avait parée. De ces pantomimes rythmiques qui parfois représentent des scènes guerrières et qui ont parfois la prétention d'incarner des fables morales, le drame naît forcément, peu à peu. Pour les expliquer il faut d'abord un chœur, un dialogue ensuite. Et si l'intérêt littéraire augmente, l'intérêt de la danse elle-même, par contre, diminue considérablement. — C'est pour cela, qu'au lieu d'aller chercher dans les temples de Nara ou de Kioto l'explication des longs mystères dansés, je suis venu ici, sur cette montagne sainte, où les moines, grâce à l'isolement, ont pu conserver aux mystères rythmiques leur simplicité primitive.

*
* *

Et pendant que les pèlerins s'éloignent dans la direction de l'escalier de granit qui conduit au sépulcre de Yeyaz, je reste devant la loge étroite à l'ombre de la pagode aux cinq toits d'or. La danseuse, infatigable, s'arrête à peine un instant de temps à autre. — On dirait qu'une force mystérieuse l'oblige à se mouvoir, à aller, à venir, à tourner, à s'incliner sans cesse. — Ses bras, parmi les manches blanches, agitent en cadence l'éventail et le bouquet de grelots.

Le petit corps que l'on devine d'une délicatesse impeccable, vibre d'un discret orgueil féminin. Et je retrouve là le poème de la coquetterie sans but, le narcissisme sacré de la femme éternellement énamourée d'elle-même, cette musique qui accompagne toutes les ondulations instinctives ; et je retrouve là ce qui est inconsciente jouissance, inconscient amour, inconsciente harmonie humaine, enfin !... Cette enfant danse comme les idoles s'immobilisent. Son destin sacré la condamne à incarner les mystères délicieux de son sexe. — Le miroir est son attribut, comme le sabre est l'attribut de l'homme. Les dieux en la voyant déployer toutes ses grâces juvéniles, comprennent la grandeur de l'œuvre humaine, et s'enorgueillissent de s'être créés eux-mêmes à l'image de l'homme. — La poésie charmeresse du geste, la majesté de l'attitude : voilà ce qu'il y a dans ce simple va-et-vient féminin. — Sans sujet la danse est plus expressive, car ainsi elle nous répète l'épopée toujours nouvelle et toujours sacrée : l'épopée de la beauté, de la jeunesse, de la vie, du mouvement.

LA FEMME

L'une des études les plus complexes et les plus délicates dans ce pays de contrastes, c'est celle de la situation de la femme. Galants et voluptueux, les japonais semblent, parfois, avoir pour le sexe faible un véritable culte. Les histoires de « guechas » sanctifiées sont innombrables. Mais en même temps nous voyons en pénétrant dans le foyer domestique, que l'épouse, la fille, la sœur, se trouvent dans un véritable état d'esclavage.

La condition de leurs femmes semble lamentable aux Japonais qui ont été éduqués dans l'Occident. Il est un livre de Naomi Tamura, écrit après un voyage aux États-Unis, qui contient toutes les revendications féminines. Les « intellectuelles » de Tokio le considèrent comme un évangile, et à chaque instant, dans leurs lettres ou leurs conversations, elles en citent les passages essentiels.

Naomi Tamura ne parle en réalité que du mariage. Son livre pourrait s'intituler : « *De la manière de se marier au Japon comparée avec la manière de se marier dans l'Amérique du Nord* ». La femme, hors du foyer conjugal, ne l'intéresse pas. De la femme libre, de la femme instruite, de la femme artiste, il ne dit absolument rien. Par contre il analyse minutieusement la parfaite mariée. La première page de son livre, que je traduis ici, nous donnera le ton du discours : « Au Japon, personne ne se marie par amour. Et lorsqu'on sait qu'un homme s'écarte de cette règle, on le considère comme un être amoral et méprisable ; ses parents eux-mêmes rougissent de lui, car l'opinion place très bas, dans l'échelle morale, l'amour de la femme. Cette idée provient sans doute du bouddhisme qui assure que *la femme est impure comme la boue* — phrase qui exerce sur nous une déplorable influence, car elle nous porte à confondre l'amour pur, l'amour idéal et l'amour brutal. De là vient que pour exprimer les deux idées, nous n'ayons qu'une seule phrase. Le mot *horreru* (aimer) appliqué à une femme, se prend invariablement en mauvaise part. Il est regrettable que nous ne puissions pas établir une différence entre l'amour et la passion. Nous n'arrivons pas à comprendre les douceurs de l'amour conjugal ; et ce vide dans nos cœurs et dans nos idées explique pourquoi, chez nous, l'amour est banni du mariage. D'autre part, nous, les Japonais, nous ne voyons dans le mariage qu'une cérémonie, importante sans doute, mais sans aucun caractère sacré. Sur quel principe, donc, repose le mariage ? Avant de l'expliquer, il importe de faire connaître un élément de la pensée japonaise qui joue, dans la vie sociale, un rôle de primordiale importance : l'idée de la race. La vie d'un homme a moins d'importance que la vie d'une famille. Sous le régime féodal, le châtiment le plus terrible était l'extinction d'une famille existant depuis des centaines ou des milliers d'années, et de nos jours encore, tout Japonais instruit croit que l'extinction de sa race est la plus grande calamité qui puisse frapper un être humain. Le Japonais tâche de conserver son sang dans toute sa pureté. Chez les Européens, on voit souvent mêlés dans une même famille, trois ou quatre sangs différents. Et ce fait qui semble là bas tout naturel, est chez nous complètement anormal, car nous ne considérons pas la famille comme une question de cosmopolitisme. Avant d'arranger un mariage, on examine soigneusement la généalogie de la future épouse ; et la femme qui ne peut pas prouver qu'elle est de *sang bleu*, a peu de probabilités d'un bon mariage. Les Israélites se montrent orgueilleux quand ils peuvent prouver qu'ils descendent d'Abraham. Le Japonais fait de même, quand il y a eu dans sa famille un personnage célèbre. Un homme peut être pauvre, et cependant, orgueilleux de son sang ». Ces principes, précis et violents, que nous devons accepter puisque tous les philosophes japonais le proclament, nous serviront de base pour comprendre l'édifice social. Comment ne pas voir, en effet, ce que l'on peut déduire en premier lieu d'un tel système ? L'orgueil de l'homme fait de la femme une esclave. Le foyer n'est pas un nid ; il est un lieu d'incubation. Les enfants, voilà le but unique du mariage ; mais les enfants de *l'homme*, les enfants qui perpétueront sa race, et dans la création desquels la femme joue un rôle absolument mécanique et passif !

Les règles que la parfaite mariée apprend des lèvres de sa mère la veille du mariage, sont les suivantes :

1° Quand vous serez mariée, vous ne serez plus légalement ma fille ; vous devrez obéir à vos beaux-parents, comme vous avez jusqu'ici obéi à vos parents ;

2° Après le mariage, votre mari sera votre seul maître. Soyez soumise et affectueuse ; l'obéissance à son mari est la plus noble vertu de la femme ;

3° Vous vous montrerez toujours respectueuse envers la famille de votre mari ;

4° Vous ne serez pas jalouse, car ce n'est pas par la jalousie qu'on arrive à conquérir l'affection de son époux ;

5° Soyez patiente et résignée ; ne vous permettez de présenter une observation à votre mari que lorsqu'il sera parfaitement calme ;

6° Ne vous occupez jamais du voisin, surtout n'en dites jamais du mal ; ne mentez jamais ;

7° Vous vous lèverez de bonne heure pour vous coucher très tard, sans avoir fait de sieste. Buvez peu de vin ; et tant que vous n'aurez pas cinquante ans, ne vous mêlez jamais à la foule ;

8° Vous ne devrez pas permettre qu'on vous dise la bonne aventure ;

9° Soyez économe, ayez de l'ordre dans votre ménage ;

10° Bien que jeune mariée, ne fréquentez pas de jeunes filles ;

11° Ne portez jamais des toilettes claires ;

12° Ne vous montrez jamais orgueilleuse de votre fortune personnelle ou de la position de vos parents, et n'en parlez jamais devant la mère ou les sœurs de votre mari ;

13° Ne maltraitez pas vos serviteurs.

Parmi ces treize commandements, le plus

important, le seul important peut-être, c'est celui qui impose l'humble obéissance. Toute la vie de famille est fondée sur ces deux horribles vertus : l'humilité et la soumission. La femme parle à son mari à genoux ; la femme n'a pas le droit de se plaindre ; la femme ne doit pas voir ce que fait son mari ; la femme, n'est, en somme, que la servante préférée. Dès le premier jour, la discipline est sévère. Pas de langueurs amoureuses pendant la lune de miel. Lune de miel ! Voici en quels termes l'a peint Naomi Tamura : « Au Japon, on ignore totalement cette phase heureuse ; et les premiers mois du mariage ne sont pas bien agréables pour une jeune femme. Elle doit se lever avec le jour, bien qu'elle se soit couchée tard ; elle doit rendre visite à la famille de son mari pour prendre de ses nouvelles. Pendant les premiers moments du mariage, les femmes parlent peu à leur mari, et répondent par « oui » ou « non » aux questions que celui-ci leur pose. Le cinquième jour, la nouvelle mariée fait quelques travaux à l'aiguille destinés à sa belle-mère. Et une semaine après son mariage, l'épouse retourne au foyer paternel, où elle passe trois ou quatre jours. Dans cet intervalle, le mari vient la visiter, porteur de cadeaux pour toute la famille, et ces visites sont le motif de grandes fêtes. Il arrive parfois que la nouvelle mariée ne veut pas retourner avec son mari. Le cas est rare ; mais il s'est présenté. Telle est la lune de miel japonaise ! »

Ne trouvez-vous pas triste, triste d'une tristesse sans grandeur et lamentable, cette peinture de ce qui, chez nous, est paradisiaque ? En s'éveillant femme, la jeune Japonaise se sent esclave. Et si ce n'était que de son mari, passe encore ! Mais il y a aussi, plus dure que les duègnes espagnoles du moyen-âge, la belle-mère jaune. « Entre nous-dit Maoni, la belle-mère n'est pas tendre ! » Avec une insupportable sollicitude, elle s'occupe de sa belle-fille comme d'un enfant : elle lui apprend les règles infinies de la bonne façon de se tenir à table, de saluer, etc. Il est plus difficile, pour une femme japonaise, de contenter sa belle-mère que son mari. Sa vie n'est pas oisive ; levée la première elle se couche la dernière ; elle travaille tout le jour ; elle doit s'occuper de la cuisine et pourvoir à tous les besoins du ménage ; elle entretient le linge de son mari à qui elle doit, par tous les moyens, s'efforcer de plaire, et tout cela, sous la surveillance directe de la belle-mère. Quel supplice !... Et malheureuse, celle qui se révolte !... Parmi les motifs de divorce, le premier est : « désobéissance à la belle-mère ».

Un des chapitres les plus intéressants du livre de Naomi Zamura, c'est celui dans lequel il nous indique de quelle façon un homme fait généralement la connaissance de celle qui deviendra sa femme. Tout s'arrange par l'intermédiaire d'un agent qui connaît les familles du quartier et qui pénètre sans difficulté dans leurs maisons. Une fois la proposition acceptée *en principe*, on prépare l'entrevue ou *miyaï* qui est la cérémonie la plus importante. « L'intermédiaire conduit le prétendant au domicile de la jeune fille, pour le présenter aux parents. Quand un Japonais est attendu dans une maison, la servante de cette maison va à sa rencontre et le conduit au salon. Les visiteurs s'assoient sur les *tatamis*, et attendent l'arrivée du maître de la maison. Pendant ce temps, la servante leur fait les honneurs : en hiver, elle leur présente un *hibachi* ; en été, elle dépose devant eux un plateau avec des cigarettes, du thé et des gâteaux. Ces préparatifs terminés, le maître de la maison paraît ; il s'incline, et salue courtoisement ses visiteurs. Puis on fait les présentations. Si le présenté désire une seconde tasse de thé, il appelle la servante qui se tient dans une pièce voisine. Mais si l'intermédiaire a organisé le *miyaï* d'une façon classique, et si le prétendant demande une seconde tasse de thé, c'est la fille du maître de la maison qui remplace alors la servante. C'est le seul moment où il est donné au jeune homme de voir sa future. Moment critique et embarrassant ! Le père et l'intermédiaire s'efforcent de soutenir la conversation ; mais l'attention de leur auditeur est ailleurs... Les regards du prétendant vont droit à la jeune fille qui, rougissante et timide s'avance lentement pour présenter la tasse de thé, et qui, ensuite, s'incline, salue et disparait. Sa présence a duré trois minutes, et elle n'a pas prononcé une seule parole. Et après cette courte apparition, le prétendant décide s'il se marie ou non ». D'autres fois, on ne permet pas même cette entrevue. Les parents arrangent tout entre eux, et les fiancés se voient pour la première fois le jour du mariage. S'ils ne se plaisent pas, tant pis pour la femme ! Dans son humilité d'origine et de condition, elle n'a pas le droit de se plaindre. Son corps, son âme, sa volonté, ses pensées, rien d'elle ne lui appartient; tout est à son mari, tout est pour lui.

Mais n'allez pas croire qu'elle soit malheureuse pour cela. L'auteur japonais nous le défend. « Les femmes japonaises sont aussi heureuses que les autres femmes du monde ! » assure-t-il. Et les raisons qu'il donne, sont, après tout, acceptables. Ecoutez : « Chez nous, les mères ont le devoir d'enseigner aux fillettes qu'elles sont inférieures aux garçons. Le garçon appelle sa sœur simplement par son nom; mais à elle, une telle familiarité n'est pas permise : elle doit dire *anisan*, Monsieur mon frère. — S'ils mangent ensemble, le garçon occupe la place d'honneur; généralement, le père et les fils sont servis à table par la mère et les filles. La femme japonaise a donc, dès l'enfance, le sentiment de son infériorité. Les fillettes, à l'âge de dix ans, ne peuvent plus jouer avec leurs frères. Ce n'est pas qu'on le leur défende, mais leurs frères s'éloignent d'elles; dès ce moment, le mur de division existe ». Tamura rend Confucius responsable de cette coutume. N'est-ce pas lui qui a dit : « Les garçons, quand ils ont atteint l'âge de sept ans, ne doivent plus vivre dans des appartements occupés par des fillettes? »

La simple désignation de femme est offensante, et s'applique aux hommes inférieurs. La femme japonaise n'est pas même jugée digne d'exercer la moindre influence dans sa maison. On comprend qu'avec de telles idées, les enfants des deux sexes vivent séparés et que l'amitié ne puisse pas exister entre garçons et fillettes. « Vos jeunes gens peuvent se voir, s'écrire, dit Tamura, en terminant, ce qui leur permet de se connaître avant toute proposition ou promesse de mariage! Les nôtres, non. Les parents japonais n'ont pas tant de confiance en leurs enfants, et ne peuvent leur laisser ces libertés. A Tokio, quand une jeune fille reçoit une visite, elle est surveillée de très près par les siens. Impossible de lui parler. Quant à lui écrire, plus impossible encore. Vous voulez néanmoins essayer ? Ses parents recevront les lettres. Il faut donc abandonner la partie. Faire la cour à une femme, c'est une chose qui n'entrera jamais dans nos mœurs ».

Ainsi parle le Japonais qui a le plus librement et le plus impartialement étudié la situation de la femme dans son pays.

LES FEMMES DANS LA LITTÉRATURE

Le dédain que les Japonais actuels ont pour la femme, n'est pas un sentiment national, ou du moins, c'est un sentiment qui n'a pas toujours été national. Galants et chevaleresques, les anciens Nippons témoignaient, au contraire, à leurs compagnes un respect peut-être plus profond que celui des Européens pour leurs femmes. Dans le palais impérial, la favorite était toute puissante. Dans la famille, la mère exerçait plus d'influence que le père. Dans les lettres, dans les études, dans les sciences, enfin, la première place correspondait toujours à la femme. « C'est un fait digne de mention et peut-être sans exemple — dit Lowel — qu'une grande partie des meilleures œuvres littéraires que le Japon a produites, ait été écrite par des femmes. La poésie *Nara* est, en majeure partie, féminine ; et pendant la période Heian, la femme joue un rôle encore plus important dans le développement de la littérature nationale. Les deux œuvres les plus notables parmi celles que nous possédons de cette époque, sont également dues à des femmes. Cela obéit, sans doute, à ce que, dans ces temps-là, les intelligences masculines se trouvaient absorbées par les études chinoises, et à ce que le sexe fort considérait la composition de nouvelles et de romans comme des occupations frivoles. Il y avait aussi à cela une autre cause plus effective : la situation des femmes à cette époque était très différente de ce qu'elle est aujourd'hui. Les hommes d'alors n'abondaient pas dans les idées communes à la majorité des nations de l'Extrême-Orient, dans lesquelles on regardait comme une nécessité la sujétion de la femme, et comme une possibilité sa réclusion. » Cela est tellement vrai, que beaucoup de livres chinois du xiie siècle appellent le Japon le *pays efféminé* et la *Nation des Reines*. Ces phrases furent fatales à la femme nippone. — Follement orgueilleux et incroyablement sensibles au ridicule, les guerriers du Yamato se sentirent blessés dans leur dignité d'hommes, de seigneurs absolus, et commencèrent, au début du xiiie siècle, de pratiquer l'antiféminisme à la chinoise. Dans la

6.

littérature, cette réaction est très visiblement marquée. Avant l'an 1300, presque toutes les belles et grandes œuvres sont écrites par des femmes: A partir de 1300, les femmes n'écrivent presque plus.

*
* *

L'œuvre la plus célèbre du x° siècle, le *Ghenzi Monogatari*, que les Japonais lisent encore de nos jours avec une respectueuse admiration, fut écrite par une dame de la cour de Kioto, nommée Murasaki Sikibri. Fille d'un érudit, cette autoresse put bientôt se consacrer aux lectures littéraires. Cependant elle n'écrivit pas une seule ligne dans toute sa jeunesse. Elle épousa un noble seigneur du parti Fusiwara et vécut à la cour. Veuve à cinquante-deux ans, elle se retira dans un couvent, et se consacra à écrire.

Le personnage principal du Ghenzi Monogatari c'est le prince Ghenzi, qui vit heureux au côté de douces et subtiles amies. L'amour est son occupation favorite; mais il ne délaisse pas pour cela la philosophie et les belles lettres. A chaque instant, l'auteur met sur ses lèvres de charmants discours sur la nature humaine. Parlant des femmes, il dit : « Quelques-unes n'ont d'admiration que pour leur propre talent, et montrent pour celui des autres femmes un dédain provocant. — D'autres peuvent produire une profonde impression dans le cœur des hommes qui n'ont pas eu l'occasion de les bien connaître. Si elles sont jeunes, si elles ont de belles manières et des charmes naturels, leurs amis s'efforceront de dissimuler leurs défauts moraux et nous parlerons seulement de leurs bonnes qualités. Qui osera les condamner sans preuves et dire : Tout cela est faux ? Mais quand nous les connaîtrons mieux, malgré qu'elles soient belles et puisqu'elles ne sont pas bonnes, elles perdront, sûrement, beaucoup de notre estime. » Mais tous ces beaux raisonnements n'empêchent pas le prince de s'enamourer, avec une facilité extrême, de toutes les belles dames qui passent à portée de ses yeux. Son ardeur ne connait ni limites, ni respect. Les femmes mariées, les fillettes à peine pubères, les maritornes et même les religieuses, toutes le charment. Sa dernière aventure, la plus belle de toutes, commença dans un couvent. Ghensi, curieux, s'était approché du mur du saint monastère, et, dissimulé parmi les arbres, il pouvait suivre ce qui se passait à l'intérieur. Des fillettes jouaient. Il s'en trouvait une, parmi elles, qui avait dix ans au plus, mignonne et noble mousmé, vêtue d'un pauvre petit costume blanc brodé de jaune. Sa grâce était divine; ses cheveux tombaient en boucles épaisses sur ses épaules, et ses beaux yeux étaient rougis d'avoir pleuré. La religieuse qui surveillait, ayant aperçu la fillette, lui dit : « Qu'avez-vous ?... Vous êtes-vous encore disputée avec quelqu'une de vos compagnes ? » Pendant ce temps, Ghenzi observait qu'entre la religieuse et l'enfant, il existait une frappante ressemblance. « Peut-être, est-ce sa fille » — pensa-t-il. « Imiki a ouvert la cage de mon petit oiseau et celui-ci s'est envolé », dit tristement la fillette ! « Ah ! Imiki commet toujours de ces vilaines actions, et tourmente la pauvre enfant — dit une servante. — Tout cela parce qu'on ne la gronde jamais ! » Et la servante s'éloigna.

L'abondante chevelure de la religieuse tombait librement sur ses épaules, et son visage était agréable et souriant. On l'appelait, dans le couvent, sœur Sônagon, et elle semblait spécialement préposée à la garde de la fillette. « Consolez-vous — lui dit-elle — et soyez sage. N'oubliez pas que vous pouvez mourir demain, et oubliez l'oiseau. Je vous ai souvent dit que c'est un péché de tenir les oiseaux enfermés dans des cages... Venez près de moi, mon enfant. » Et la fillette, profondément peinée et ses beaux yeux pleins de larmes, s'approcha de la religieuse. « Que cette enfant sera belle quand elle sera femme ! » pensait Ghenzi, en contemplant les beaux cheveux tirés en arrière et les yeux rougis par les larmes. L'enfant que tant il admirait, ressemblait à une femme qu'il avait, autrefois, follement aimé. La religieuse disait : « Vous avez une fort belle chevelure, mon enfant !... Que je suis peinée de vous voir si frivole !... A votre âge, d'autres fillettes sont déjà bien différentes de ce que vous êtes ! Quand votre pauvre mère se maria, elle avait douze ans. Elle n'était pas non plus très sensée. Si vous veniez à me perdre, maintenant, que deviendriez-vous ? » La religieuse pleurait en prononçant ces paroles. Ce spectacle émotionna Ghenzi profondément.... « Quelque temps après, la fillette et le prince se marièrent, et vécurent longtemps, parfaitement heureux... » Ainsi se termine le conte.

***

Une autre figure charmante dans la galerie des femmes de lettres japonaises, c'est celle de Seï Sonagon, l'auteur d'un livre intitulé : *Makura no soci*, ce qui signifie : « notes de mon âme ». En lisant ces notes légères et souriantes, on ne peut pas ne pas envier les Nippons de l'an 1000 qui, tandis que les Européens se mouraient de frayeur en pensant à la fin du monde, pensaient seulement à vivre et à aimer. La vie au palais impérial, peinte par cette poétesse qui était, en même temps dame d'honneur de sa majesté, à des charmes de légende. « Un jour, dit-elle, au moment où nous parlions de fleurs et de plaisirs sur la terrasse du palais, Son Excellence le Daïnagon, frère de l'Impératrice, entra. Il portait une tunique couleur de cerise et un pantalon pourpre obscur. Son habit intérieur était blanc et avait, brodé sur le collet, un beau dessin écarlate. Comme l'Empereur était avec l'Impératrice, il s'assit sur la terrasse pour lire un mémoire sur une question d'Etat. Les dames d'honneur, vêtues d'étoffes de pourpre, d'or, de mauve et d'autres couleurs charmantes, ressortaient admirablement sur le somptueux décor du jardin. Le repas fut servi, ensuite, dans les appartements impériaux. On entendait, de toutes parts, le va-et-vient des domestiques. L'aspect du ciel était admirable. Quand tout fut prêt, un majordome prononça les paroles sacramentelles : Leurs majestés sont servies. Le Mikado entra par la porte du centre, suivi de son Excellence le Daïnagon ; tous deux allèrent se placer parmi les fleurs. Alors l'Impératrice vint s'asseoir à côté d'eux, et l'Empereur la reçut en lui faisant remarquer la beauté du spectacle, et termina en citant ces vers :

« Les jours et les mois disparaissent
« Mais le Mont Mimoro reste toujours

« Je me sentais profondément impressionnée et, du fond de mon âme, je priais les dieux, pour que tout cela durât ainsi, pendant mille ans et plus ».

Le vœu de la poétesse ne fut pas exaucé. L'Impératrice mourut peu de temps après, et avec elle, disparurent les délicieuses frivolités de sa cour. Les luttes civiles, les guerres de conquêtes, les grands changements de régime, donnèrent à la cour de Kioto un caractère moins doux. Sur les tuniques claires, la main du destin broda des vols obscurs d'oiseaux nocturnes. Mais Sei Sonagon ne voulut jamais, même dans les dernières années de sa vie, passées dans un couvent, se plaindre de ses amertumes. La plus grande concession qu'elle fit à l'adverse fortune, ce fut de reconnaître, un jour, que tout n'est pas rose dans la vie. « Il y a des choses détestables » — dit-elle. Et puis, comme une de ces marquisettes Louis XVI qui, en entendant le peuple rugir de faim, lui offraient des bonbons, elle explique : « Oui, il y a des choses détestables, et les voici : Le visiteur qui vous narre une histoire interminable quand vous êtes pressé ; s'il s'agit de quelqu'un avec qui vous ayez quelque intimité, vous aurez la ressource de le congédier en lui promettant de l'écouter un autre jour ; mais s'il s'agit de quelqu'un envers qui vous ne puissiez pas agir ainsi, vous êtes perdu. Autre : l'exorciste que vous envoyez chercher en cas de maladie soudaine, et qui récite ses prières sur un ton somnolent. — Autres : les enfants qui pleurent et les chiens qui aboient, pendant que vous écoutez quelqu'un ; les ronflements d'un homme que vous essayez de cacher, et qui s'endort dans sa cachette. Autre : les personnes qui voyagent en un véhicule qui grince ; ces personnes sont détestables, et si nous sommes nous-mêmes les voyageurs, c'est le propriétaire du véhicule qui est exécrable. Autre : ceux qui interrompent votre conversation, pour faire montre de leur intelligence ; tous ceux qui interrompent jeunes ou vieux, sont détestables. Autre : ceux qui, quand vous racontez un évènement, s'écrient : « Oh ! je le sais! » et vous donnent une version complètement différente de la vôtre. Autres : être obligé de se lever pour recevoir un importun, quand vous restiez justement au lit pour ne pas le recevoir ; entendre un homme avec lequel on est dans de très bons termes, faire l'éloge d'une femme qu'il connut, il y a fort longtemps ; ceux qui murmurent une oraison lorsqu'ils éternuent. Autre : enfin, les puces qui passent sous vos vêtements, et sautent d'un côté et d'autre ».

Oh ! délicieuse, suave, et douce ironie! En lisant ces pages légères, vous croyez voir ressusciter toute la vie de la Cour. Vous comprenez que la solennité, c'était pour l'extérieur ; et qu'à l'intérieur, derrière les portes hérissées de dragons, une invincible frivolité régnait. Les armes des daïmios pouvaient se teindre de sang dans les siros prochains. Peu importait! Les femmes dans le palais et dans les cloîtres riaient. Mais par contre, quelle émotion quand un détail quelconque blessait la coquette susceptibilité des dames d'honneur ! Dans le *Makura no Soci*, une des pages les plus vibrantes est celle qui nous relate la malencontreuse visite de la Cour au château du Daïcin Marimasa. Le carrosse de Sa Majesté pénétra par la porte Est. Les dames nobles de service firent le tour, pour entrer par les jardins, afin de ne pas passer devant les officiers de la garde. « Car, dit la poétesse, nous étions complètement décoiffées, et nous ne voulions être vues de personne. Mais hélas ! les voitures superbement décorées, se trouvèrent soudain dans l'impossibilité d'avancer, à cause de l'étroitesse de la porte. On plaça alors le classique chemin de tapis, et nous fûmes invitées à descendre, à notre grand ennui, et à notre grande indignation ; mais on ne pouvait faire autrement. Il fallait voir comme nous étions regardées par les courtisans et les serviteurs rassemblés dans la salle de la garde. Quand nous nous présentâmes devant sa Majesté et que nous lui eûmes conté ce qui venait de nous arriver, Elle se moqua de nous autres en disant : Et maintenant, n'y

7

a-t-il donc personne pour vous regarder ? Pourquoi vous présentez-vous devant moi dans cet état ? — Ici, lui répondis-je, — tout le monde est accoutumé à nous voir, et il serait ridicule que nous soyions venues parées plus qu'à l'ordinaire... Et puis, qui aurait pu prévoir que dans un palais comme celui-ci, les voitures ne pourraient pas entrer par les portes ?... Ah ! comme je vais me moquer du Daïcin, dès que j'aurai l'occasion de le voir ! »

N'y-a-t-il pas quelque chose de Versailles, quelque chose de Trianon, quelque chose de coquetterie fleurie et de tendre frivolité parisienne, dans cette scène si lointaine dans le temps, et si lointaine dans l'espace ?

***

Quelque temps plus tard, brillèrent deux poétesses qui eurent autant de renommée que Seï Sonagon. La première, Daïni no Sami, écrivit, en l'an 1040, une longue histoire amoureuse intitulée : *Gagorono Monogatari*. La seconde était fille du noble Suguroa no Tatrasuye. Sa seule œuvre connue, c'est une mélancolique narration de voyage de Simosa à Kiota, en 1046.

Aucune de ces deux œuvres n'a été traduite dans une langue européenne.

**

Mais le Japon antique n'a pas seulement produit des poétesses et des conteuses de galantes aventures. L'historien le plus remarquable de l'époque classique, est une femme. De sa vie, on sait peu de chose. Elle s'appelait Akazomé Yemon, et elle vécut vers la fin du xi° siècle. Son œuvre, intitulée *Yeigua Monogatari* (Récit Glorieux) est la chronique du règne de Kuazan et de ses prédécesseurs. Je ne connais que la dernière partie de cette œuvre ; et je la trouve si belle, que je regrette de ne pouvoir lire dans le texte ses livres antérieurs. Avec une simplicité pleine d'émotion, elle nous raconte les prouesses religieuses de ce pauvre Mikado qui fait penser, avec ses amours pour la reine morte et avec sa folie mystique, à Charles II d'Espagne. Quand Kuazan eut enterré son auguste épouse, il se mit à pleurer et pleura plusieurs jours. A la fin il se dit : « Que les péchés de Kokiden ont dû être nombreux !.. Que ses fautes, dans une existence passée, ont dû être graves !... Pourquoi est-elle morte si jeune ?... Ah ! si je pouvais oublier tout cela !... » L'autoresse, après avoir reproduit ces lamentations, explique ainsi ce qui se passait dans l'âme du monarque : « Son auguste cœur était fréquemment troublé par d'étranges pensées religieuses. Le premier ministre et le Tchiounagon voyaient avec peine, ces manifestations qui le conduisaient fatalement à un alarmant mysticisme. Gonkiou, supérieur du monastère de Konazan, était journellement appelé au palais, pour expliquer au souverain les Saintes Ecritures. Abandonner le monde et embrasser la carrière religieuse, c'est ce qui lui convient le mieux, disait-on ; mais ensuite, qu'adviendra-t-il ? Et le monarque continuait d'être en proie à ses noires pensées. Il n'y avait pas à en douter : cette influence de l'esprit mélancolique, était héréditaire ; son père, Réïzeï-in, était mort fou. Et la conduite insolite, inconsciente du Mikado était strictement surveillée ; mais dans la nuit de la douzième journée du septième mois de cette année-là, le monarque disparut soudainement. L'alarme fut grande, et tous sans exception, nobles, serviteurs, gardiens et jusqu'aux plus humbles domestiques, pourvus de torches, cherchèrent l'Empereur de toutes parts ; mais en vain ! Le premier ministre, ses collègues et les nobles passèrent la nuit, réunis en assemblée. La consternation était générale. Le Tchiounagon, prosterné devant l'autel des dieux protecteurs du palais, les suppliait avec des larmes dans les yeux et des sanglots dans la voix, de lui découvrir l'endroit où se trouvait son magnifique seigneur. Quelques troupes furent également envoyées dans les temples bouddhistes, mais sans résultat aucun. En même temps les royales épouses pleuraient inconsolablement, sans savoir exactement ce qui était arrivé. L'aube parut. Toutes les recherches avaient été vaines. Enfin, le Tchiounagon et Satchiuben-Korenari décidèrent d'aller au monastère de Konazan, et ils y trouvèrent leur souverain, déjà habillé en moine. Dès qu'ils le virent, tous deux se prosternèrent respectueusement devant lui, en poussant des exclamations et des cris de surprise inquiète. L'exemple fut contagieux : tous deux se firent moines. » — Il y a peu de pages, non seulement dans la littérature japonaise, mais encore dans celle du monde entier, plus intenses que celle-là.

* *

Voici maintenant la grande voyageuse littéraire. Elle se nomme Abutzu, et elle est d'origine impériale. On ne sait presque rien de sa vie. Comme toutes les dames nobles du XIIIe siècle, elle vécut enfermée dans son palais, à côté de son époux. A la mort de celui-ci, elle fit un voyage à Kamokura, où vivait un de ses fils. Son célèbre *Izayoï no Ki* est le récit poétique de ce voyage, récit dans lequel il y a, plutôt que des aventures, des paysages, des ciels, des couchers de soleil, des spectacles de beauté.

Après Abutzu, aucune femme-écrivain japonaise n'a su mériter que les hommes conservent son nom avec un religieux enthousiasme. En tuant le respect de la femme, l'influence chinoise a tari la plus pure source d'art littéraire japonais.

CONTEUR DE CONTES

Soudain, de bruyants applaudissements éclatent; nous percevons des cris d'enthousiasme, des murmures d'admiration. Nous nous arrêtons devant une porte. Est-ce quelque théâtre où l'on représente un de ces drames patriotiques que le peuple aime tant ?... Est-ce une salle de conférences dans laquelle le député de la circonscription parle des conditions de paix que le pays est en droit d'exiger ?... Est-ce une maison de thé avec des « gesha » qui dansent au son du mélancolique chamisen ?... Non! C'est tout simplement la maison du conteur de contes. Du dehors, on note, en effet, que ce ne peut pas être là un établissement important. La porte est minuscule comme celle de toutes les maisons bourgeoises de la ville; et les fenêtres, qui laissent échapper ce bruit, ont des feuilles de papier blanc à la place de vitres.

— Entrons-nous ? demande mon compagnon.
— Entrons !

Et nous voilà à l'intérieur. Nous avons déjà quitté nos chaussures pour les laisser au « vestiaire » comme on y laisse en Europe son pardessus. Nous avons remis au caissier, qui les a reçues en nous faisant de profondes révérences, nos monnaies de cinq *cent*, une par personne, cinq *cent*, qui équivalent à douze centimes et qui sont, ici, le prix d'un fauteuil, ou pour mieux dire, d'un grand coussin bourré de paille. Nous avons traversé, en baissant la tête pour ne pas nous heurter contre les poutres, un long couloir sombre. Nous voici enfin dans la salle. Et son aspect nous cause une surprise plus agréable que la vue d'un théâtre, sans doute parce que dès l'entrée, on se sent ici dans un milieu entièrement japonais, et japonais à l'ancienne mode, sans trace aucune d'influence occidentale, ni même de japonisme moderne.

— Ici — me dit l'ami qui m'accompagne — tout le monde ignore Sada Yacco.

C'est probable ! Ce plancher, couvert de nattes très blanches sur lesquelles s'entassent les spectateurs, est antérieur à l'ère du Meigie. Et que dire de cette tribune où vient de s'asseoir le conteur ? La toile qui la décore est un Kimono digne d'un

Daïmio, un magnifique Kimono comme on en voit représentés dans les estampes du xviie siècle, et qui porte, brodés sur fond obscur, les sept emblêmes blancs de la noblesse. Cadeau de quelque grand seigneur à l'aïeul de l'artiste, ce Kimono est comme un blason d'artistique ascendance devant lequel nous devons nous incliner. Tout ce qui est ici doit s'y maintenir, depuis des siècles, par héritages successifs. Le Japon est le pays des traditions. Les Kano actuels qui peignent des éventails pour les Anglaises, sont des descendants de ce Kano d'autrefois que ses admirateurs avaient surnommé le Divin. Mon artiste, mon pauvre vieil artiste qui gesticule et pérore, doit descendre, lui aussi, d'autres grands artistes. Tout chez lui dit la race : son sourire est aussi distingué que celui d'un seigneur de la cour de Yeyaz, et ses révérences auraient pu servir de modèle à quelques-uns de ces nobles qui, au xviiie siècle, copièrent ici, sans le savoir, les manières polies de Versailles.

Il semble, justement, nous conter, à présent, quelque chose de très raffiné. — Mon compagnon qui comprend le japonais autant qu'un Étranger arrive à le comprendre après dix ans de séjour à Tokio, sait qu'il est question de dames coquettes et de puissants galants. — Cela, je l'avais deviné, moi aussi, rien qu'à la mimique du narrateur, à ses inclinaisons de tête, et surtout aux courbes que ses mains font décrire à l'indispensable éventail. — Mais ces dames et ces chevaliers, que font-ils ? Au rire des gens, je suppose qu'ils doivent faire ce dont on abuse dans les romans excessivement « picaresques ». Sinon la délicieuse mousmé que j'ai à mon côté, n'aurait pas tant rougi, ni l'autre mousmé déjà mûre — plutôt « san » que mousmé — ne s'éventerait pas si nerveusement. — Le cas doit être grave, je vous l'assure. Les idées de morale ne sont pas aussi étroites ici qu'en Europe ; même, on peut dire qu'elles n'existent pas. — La nudité, par exemple, est une chose si naturelle, qu'il n'est pas rare, le soir, à l'heure classique du bain, d'apercevoir, au fond de certaines cours dont les portes sont toutes ouvertes des groupes de femmes sans autre vêtement que leur chevelure. « Ces gens-là vivent comme des oiseaux ! » disait le doux saint François Xavier. Et un navigateur portugais comparait les Japonais aux habitants de l'île célèbre de Camoëns.

Donc, cette histoire qui plaît tant et qui scandalise un peu, doit être terriblement scabreuse.

Mon ami me dit :

— Les conteurs de contes ne savent faire sonner que deux notes : la note tragique ou la note libertine. Quand ils ne déshabillent pas, ils dépècent. Et dans l'un ou l'autre cas, ils sont d'une incroyable exagération. — Figurez-vous qu'ils veuillent vous narrer un assassinat. Ils ne se contenteront pas de vous montrer le malfaiteur acharné sur sa victime et la torturant à la manière des bourreaux européen. Ils vous le feront voir coupant d'abord une jambe, puis arrachant la peau, ensuite crevant les yeux et ouvrant le ventre, finalement taillant le cœur en quatre et broyant le crâne....

Mon ami ajoute :

— Dans les histoires d'amour la gradation est identique.

— Diable!... Alors, je comprends pourquoi....

Mais un changement complet s'est produit. Sur la scène minuscule, sous le dais que forme le kimono déployé, le conteur vient de changer l'expression de son visage. On dirait qu'il n'est plus le même, ou qu'il s'est mis un masque. — Ses lèvres, souriantes il y a une minute, sont crispées maintenant, et sans cesser de sourire, sans se tordre en une grimace amère, elles tremblent convulsivement. Le conteur narre, sans doute, quelque chose de tragique. Ses yeux désorbités comme ceux d'un Daïboutzou furieux, ses mains qui étreignent l'éventail, son front barré de rides profondes, tout, tout en lui exprime l'émotion, la colère, la douleur, jusqu'au sabre que nous n'avions pas encore vu, qui est sorti de son fourreau de laque et qui brille, inquiet, comme prêt à s'élancer de la dextre rude. — Oui, nous sommes à un moment sanglant...

Et comme, évidemment, le conte n'a pas changé, il faut supposer que les amants de tout à l'heure, ces amants si libertins et si raffinés, ont été surpris par un père ou par un mari...

L'ORGUEIL DES SAMOURAÏ

Depuis quelques jours on n'entend parler que des Samouraïs. Les Samouraïs paraît-il, sont consternés. Les Samouraïs sont furieux. Les Samouraïs, comme autrefois, menacent le ciel avec leurs sabres. Et il semble que les brillantes armures du Musée Ouyeno vont venir animer la route du Tokaïdo de ce cliquetis de sabres, de casques, de cuirasses et de masques qui, dans les siècles passés, sema l'épouvante d'un bout à l'autre du pays. Mais en ceci, comme en tout, la réalité est moins pittoresque que le rêve. Les seigneurs féodaux de notre époque portent des chapeaux hauts de forme, des kimonos obscurs et des lunettes d'or. Je les ai vus sortir du sein mouvant des foules et grimper aux tribunes publiques avec des agilités de vieux singes. Je les ai vus gesticuler sobrement, et j'ai deviné que, dans leurs discours, les menaces ont pour bases des renseignements de statistique. Seulement, je n'ai pas cru pour cela, comme les autres Européens, que les Japonais d'aujourd'hui sont inférieurs à ceux d'hier. Ils sont moins pompeux, moins magnifiques dans la forme, et c'est tout. Au fond, ils sont pareils.

Que d'héroïsme et que d'élégance chez ce peuple ! Il suffit d'un souffle de lutte, pour que les générosités légendaires se renouvellent. Une nuit récente, un officier de police, en voyant une bande d'énergumènes s'approcher de la cathédrale russe, leur dit : « Ni mes hommes, ni moi, nous ne nous servirons de nos armes contre vous ; mais si vous essayez d'incendier cet édifice étranger, nous nous suiciderons sous vos yeux ! » Et de même que dans les anciennes batailles où un Minamoto héroïque se faisait applaudir par ses ennemis les Hira, les manifestants acclamèrent le policier énergique, et se retirèrent sans avoir même allumé leurs torches. Sur un autre point de la cité, le même jour, le vieux maire de Tokio, qui n'a pourtant rien de ministériel, s'arma d'un sabre et défendit l'entrée d'un ministère avec plus de vigueur qu'un soldat. Enfin, un groupe jura de mourir en défendant l'évêque russe du Japon, dans le cas où il viendrait à être attaqué par la populace.

Tout reste en parfaite harmonie avec l'ancien prestige de la caste chevaleresque, dont le principe fut de toujours sourire, même dans l'agonie ; d'être courtois, même dans la haine, et de ne jamais épargner son sang. « La première chose à faire — dit la règle de boushi — c'est de se vaincre soi-même. » Et par là, on entend vaincre ce qu'il y a dans chaque homme de grossier et d'égoïste, vaincre la bête, couvrir de sourires les grimaces. « De deux hommes dont l'un a été victorieux dans cent batailles et dont l'autre a remporté une victoire sur lui-même, ce dernier est le plus grand triomphateur ». Ainsi parle le *Dammapada*. Et le *Damihasuta* ajoute : « Les dieux eux-mêmes sont impuissants à changer en déroute la victoire que tu auras remportée sur toi-même ». La religion nationale n'est, d'ailleurs, qu'une école de bel héroïsme : *Sinto* signifie caractère loyal et brave. Dans le texte sacré le plus ancien, dans le *Kodjiki*, les paraboles et les légendes placent l'héroïsme au-dessus de toutes les autres vertus.

Un jour, le fils de la déesse Amaterasu passe dans la montagne, et aperçoit deux vieillards qui pleurent, car l'invincible Dragon leur a enlevé leur fille. Sur-le-champ, le saint Georges jaune tire son sabre et, exposant sa divine existence, se met à lutter contre le monstre. Voilà le premier

Samouraï. Une autre fois, le puissant Tsubura voit entrer dans son siro un jeune inconnu qui lui dit : « Protège-moi ! Le prince Ohoatsue et ses troupes me poursuivent. » Le pouvoir d'Ohoatsue est immense. Il n'importe ! Le devoir ordonne à Tsubura de ne pas abandonner un vaincu et de lui accorder sa protection. Il fera son devoir. Peu après, les troupes ennemies assiègent le siro, et menacent de l'incendier, si on ne leur livre pas immédiatement le fugitif. Le châtelain monte à sa tour et dit :

— Puissant adversaire, la princesse Kara, ma fille, sera ton esclave et ma fortune entière t'appartiendra si tu t'éloignes de mon château avec tes hommes. Dans la lutte, je n'ai pas la moindre espérance de te vaincre ; mais si tu n'acceptes pas ce que je t'offre et si tu exiges que je fasse ce que le devoir d'hospitalité m'empêche de faire, alors je te répondrai en combattant, bien que nous ne disposions ici ni des flèches, ni des lances.

Le combat commence. En peu de temps, les assaillants s'emparent des murailles.

— Nous sommes perdus — murmura le fugitif. Tue-moi, et rends-toi.

— Non — répond Tsubura ; — tu es dans ma maison, tu es mon hôte, et si tu meurs ici, je dois mourir près de toi.

En disant cela, il s'ouvre le ventre avec son sabre.

« Celui-là — conclut l'histoire — était un véritable samouraï. »

Un autre samouraï légendaire, c'est le triste Matsuo qui, pour sauver la vie au fils de son seigneur, égorgea son propre fils.

*
* *

L'âme du samouraï se nourrit de légendes héroïques. Dans chaque régiment, sur chaque navire de guerre, il y a un « conteur de contes » qui narre, aux heures de repos, les plus belles histoires antiques. J'ai réuni, en un autre chapitre de ce livre, quelques-unes de ces histoires. Mais je dois insister de nouveau, ne serait-ce qu'en passant, sur celle qui me semble incarner l'âme populaire : l'histoire des quarante-sept ronins. Les saints les plus respectés de la religion samouraï, les plus hauts exemples de vertus japonaises sont, en effet, ces quarante-sept héros dont les tombes constituent, aux environs de Tokio, une sorte de sanctuaire national. Ces ronins servaient sous les ordres du prince Akao qui fut, un jour, insulté en public par Kotsuké, et qui fut, plus tard, condamné à mort, à la suite de louches manœuvres du même courtisan. Sur la tombe d'Akao, les braves samuraïs jurèrent de le venger. Mais le courtisan était homme de précautions, et rien n'était plus difficile que de l'approcher.

Avec une patience que la haine seule peut expliquer, ils attendirent vingt ans un moment favorable ; enfin, ils purent, une nuit, surprendre Kotsuké et le décapiter. Et, une fois accomplie leur sainte vengeance, les quarante-sept ronins qui y avaient tout sacrifié : famille, richesses, honneur et plaisirs, couronnèrent leur œuvre sublime, en se suicidant tous devant la tombe de leur maître.

— Effrayant exemple ! s'écrient les missionnaires chrétiens.

Mais les Japonais, qui ont une morale différente de la nôtre, dans laquelle la vengeance est une vertu et le sacrifice de la vie, un devoir ; les Japonais, plus loyaux et plus nobles en leur cruauté, ne cesseront jamais d'adorer ces divins chevaliers de la haine, qui surent vivre toute une existence d'énergie, et qui moururent, comme ils avaient tué, en beauté.

*
* *

Cependant que les conteurs de contes évoquent les vieilles légendes épiques devant les foules extasiées, les intellectuels font d'une manière plus docte une œuvre toute pareille de culture de l'orgueil national. Dans les salles de conférences et dans les pages des revues, tous les hommes de lettres préconisent de conserver les traditions de bushido. J'ai pris, pendant les derniers jours de la guerre, quelques notes sur ce sujet. Voici d'abord un discours de Kuroïwa Shuroku. Il se demande pourquoi les européens comprennent si mal l'âme japonaise. Et, sans hésiter, il se répond : « Cela vient d'abord de ce qu'ils considèrent la vie humaine comme très précieuse, tandis que les Japonais n'y attachent pas tant de prix. Ensuite, ce sacrifice absolu de l'individu à son suzerain n'était qu'une forme du patriotisme ; car le suzerain eût pu dire avec autant de raison que Louis XIV : « L'État, c'est moi ! » ; il incarnait en lui le pays ou le clan. Or le sacrifice absolu de sa vie à la patrie étant la manifestation la plus haute du patriotisme, est incontestablement une grande vertu. L'acte du suicide dans les circonstances dont il est parlé plus haut peut paraître à des esprits prévenus le fait d'un esclave. Mais si l'on veut bien réfléchir, il n'en est pas ainsi. L'esclave mourait de la main d'un maître qui disposait de lui à sa fantaisie, le vendait ou le mettait au rebut. Le samuraï mourait de sa propre main ; il se tuait parce qu'il croyait de son devoir de le faire, il agissait par le sentiment de sa propre responsabilité. On peut trouver barbares certains autres actes, comme celui qui consistait à tuer son propre fils, après l'avoir subtitué au fils de son suzerain auquel on épargnait ainsi le coup d'un ennemi. Mais cette coutume reposait sur une conception particulière de la famille ; celle-ci était regardée comme de nulle importance auprès de la grande famille formée par le clan et dont le suzerain était le chef. Sans doute actuellement avec nos idées modernes, on peut trouver à redire à certaines de ces conceptions, on peut traiter d'excessives certaines pratiques ; mais il n'en est pas moins vrai qu'il y a là un fond de qualités morales d'une réelle grandeur. En particulier, on peut taxer de cruauté les mœurs des anciens *bushi*. Outre les nombreux exemples d'humanité à l'égard des ennemis, qu'a enregistrés notre histoire, notre tempérament même, sous l'influence de la douceur du climat et des riants paysages, est plutôt porté à la bénignité et à la clémence. Le milieu nous a fait une âme joyeuse à laquelle la cruauté répugne. »

Un autre écrivain, Omachi-Yoshie, fait un tableau du Japon sacré et il termine avec ces mots :

« Depuis trois mille ans, le peuple japonais s'avance, ayant à sa tête une seule lignée d'empereurs qui se perpétue à travers les âges. La famille impériale, c'est sa divinité, c'est son Bouddha. Tant que le Japon possèdera la famille impériale, il n'a nul besoin de religion ; l'empereur est son dieu visible. Là où Sa Majesté demeure, l'homme ne doit pas pénétrer ; le sol où s'arrête son cheval, l'homme ne doit pas le fouler. Le plus petit employé d'une école brave les flammes de l'incendie pour sauver son auguste image. La famille impériale, c'est la source de la morale du Japon, la source de toutes ses gloires ; c'est ainsi qu'au Japon seulement, l'empereur est le dieu vivant. (*Koshitsu wa jitsu ni Nihon no dotoku no gensen nari, arayuru eiko no gensen nari ; kakute, Nihon ni oite nomi, Tenno wa ikigami nari.*) Il en est qui veulent empêcher l'étude libre de l'histoire du Japon, sous prétexte de sauvegarder la dignité de la famille impériale. Mais leurs craintes sont chimériques ; si le ciel n'est pas toujours clair, pourquoi notre histoire serait-elle sans nuages ? Au contraire, l'histoire nous apprendra à mieux connaître la fidélité que nous devons à notre empereur. Cette fidélité, c'est notre religion nationale ; et la Bible de cette religion, c'est notre histoire. »

M. Utika Wamin écrit :

« C'est l'âme japonaise, l'âme des ancêtres et des héros valeureux, qui fait un seul corps de nos 200.000 combattants. Le bouddhisme et le christianisme enseignent tous les deux l'immortalité de l'âme. A vrai dire, de la métempsycose bouddhiste et de la survivance chrétienne des âmes dans le ciel, je n'ai pas encore trouvé de preuve satisfaisante. Mais ce que la présente guerre manifeste clairement, c'est que l'âme des ancêtres de la nation japonaise survit dans leurs descendants, et que l'âme d'un *Kusunoki Masashige*, par exemple, combat encore dans l'âme de nos soldats. » Un général, le célèbre Sato, répondant à un ami qui lui demande l'explication des victoires de Mandchourie, écrit : « La raison, la voici : c'est que les Russes combattent par devoir, et que nos soldats combattent pour la gloire. Je ne veux pas dire que nos armées ne soient pas fortement persuadées qu'elles accomplissent un devoir en combattant, je veux dire que cette pensée du devoir n'est pas ce qui donne aux combattants l'enthousiasme et le « cœur au ventre ». Sur le champ de bataille, en face de l'ennemi, quel est le sentiment qui, soulevant les soldats, les pousse en avant dans un élan furieux à travers les obstacles ? Est-ce le sentiment du devoir ? N'est-ce pas plutôt le sentiment de la gloire, l'idée de montrer au monde que le soldat japonais est capable de vaincre n'importe quel ennemi ? C'est là le stimulant énergique qui fait remporter la victoire. Une armée de soldats qui n'agiraient que par devoir, qui n'avanceraient, ne tireraient, ne s'exposeraient à la mort que par obéissance, est vouée à la défaite devant un ennemi qui agit pour la gloire. C'est pourquoi, alors que M. le professeur dit : « Combattez pour le devoir », je dis, moi : « Combattez pour la gloire ! »

Un moraliste qui conseille de ne pas oublier les traditions, même les plus contraires à l'esprit européen, parle en ces termes du suicide : « L'acte de s'ouvrir le ventre provient de cette idée traditionnelle dans le *bushido* qu'il vaut mieux mourir que de se rendre, et que la mort est préférable à la honte. Cet acte, ce n'est pas avec des yeux d'Européens qu'il faut le considérer, c'est du point de vue de l'idéal moral particulier au pays, qu'on doit le juger. L'assimiler au suicide que les lois européennes condamnent, en faire un acte de lâcheté, un acte de barbarie, c'est se méprendre grossièrement sur son caractère. »

C'est toujours, partout, à tout propos, le même sentiment d'orgueil national, le même désir de ne pas changer d'âme. Leurs défauts mêmes, ils les aiment, autant qu'ils désertent au fond les qualités étrangères.

*
* *

Une autre vertu du samuraï, c'est l'esprit de justice. L'âme loyale est guidée par une conscience pure. Quand un homme d'arme sent son bras affaibli par l'âge, il entre dans la magistrature. Le juge est, généralement, un ancien samuraï. Ainsi, la loi et l'équité ont des défenseurs incorruptibles. Ni les prières, ni les promesses, ni les menaces n'ont de prise sur l'esprit des juges. L'intérêt politique lui-même, ce qui s'appelle en Europe « raison d'Etat », les laisse totalement indifférents. Pendant le procès intenté contre le policier qui, voici douze ans, tenta, à Tokio, d'assassiner l'actuel empereur de Russie, on put voir ce que peuvent une volonté ferme et une conscience droite. Le ministère avait intérêt à ce que le criminel fût condamné à mort, pour couper court à toutes les réclamations russes. Les juges, après avoir consulté les lois, répondirent qu'on ne pouvait pas appliquer la peine capitale à une simple tentative d'assassinat. Les magistrats furent destitués, et remplacés par d'autres qui inspiraient plus de confiance au Gouvernement. Ils rendirent la même sentence que les premiers. Alors l'empereur, le saint fils de la déesse du Soleil, celui qui ne se trompe jamais, voulut prêter à ses ministres l'appui de son prestige. Il appela les juges au palais pour leur conseiller de changer leur verdict. Tout fut vain. « Si les Russes nous déclarent la guerre parce que nous appliquons la loi — répondit le plus âgé des magistrats, — nous sommes prêts à mourir en défendant notre patrie ; mais la justice doit être respectée. » Et quand on connaît l'histoire intime du peuple japonais, on ne peut pas s'empêcher de rire des prétentions des européens qui ont cru lui avoir donné, avec les tribunaux consulaires, une grande leçon de jurisprudence pratique. A toutes les époques, en effet, l'homme des îles nippones a eu une idée religieuse du devoir, de la loyauté et de la justice. La bible civique de l'Extrême-Orient, le *Sinkociotoki*, de Tchikafusa, dit dans son chapitre relatif au gouvernement : « La science gouvernementale est basée sur la rigoureuse justice. Telle est la leçon que nous donne la déesse Tensodaizin.

Et il faut d'abord savoir qu'il est juste de récompenser le mérite et de châtier le crime, sans faiblesse, ni complaisance. » Cet enseignement n'est pas une parole vaine.

La rectitude est un principe religieux. Parmi les divinités sintoïstes que le peuple adore, il est un ancien juge, modèle d'honnêteté, le grand Itakura Sihheidé. Ce magistrat avait l'habitude de présider les audiences, dissimulé derrière un paravent, et de moudre du thé pendant les débats.

« Pourquoi faites-vous cela ? » lui demanda un jour son daïmio. Et le bon juge répondit : « La raison qui me pousse à entendre les causes sans chercher à voir les accusés, c'est que nous avons tous des sympathies instinctives, et que certains visages nous inspirent confiance, et d'autres, non ; et si nous voyons les visages, nous sommes exposés à croire que la parole de l'homme qui a un visage honnête, est honnête ; et que celle d'un homme qui a un visage antipathique, ne l'est pas. Il en est tant ainsi, que souvent avant que les témoins ouvrent la bouche, nous disons d'eux : celui-ci est un fripon ; celui-là est un honnête homme. Mais ensuite, pendant le procès, on découvre que beaucoup de ceux qui nous ont produit une mauvaise impression sont dignes d'égards, et que ceux qui nous avaient semblé bons, sont, au contraire, immondes. D'autre part, je sais que comparaître devant la justice, même lorsqu'on est innocent, est une chose terrible. Il y a des personnes qui, en se trouvant devant un homme qui tient leur sort entre ses mains, perdent toute énergie, deviennent incapables de se défendre, et semblent coupables même lorsqu'elles ne le sont pas. » — Fort bien ! dit le daïmio. Mais pourquoi aussi cette habitude de moudre du thé ? » Le juge reprit : « Parce que pour bien juger, il faut ne pas se laisser dominer par les émotions. Un homme vraiment bon et fort, ne doit jamais s'émotionner ; pour ma part, je n'ai pas encore pu atteindre à ce degré de perfection, et pour m'assurer que mon cœur est tranquille, je n'ai pas trouvé de meilleur moyen que de moudre du thé. Quand ma poitrine est ferme et tranquille, le moulin va doucement et le thé sort bien moulu ; mais si je vois le thé défectueusement moulu, je me garde bien de prononcer la moindre sentence. »

Ces paroles ne vous semblent-elles pas exquises et délicieusement significatives ? Un peuple qui divinise l'homme qui parle ainsi, doit être un peuple loyal. Les gouvernements, dans ce pays, n'exerceront jamais la moindre influence sur ceux qui sont chargés de rendre la justice.

Et pourtant les Européens continuent de se lamenter de la suppression des tribunaux consulaires. A Yokohama, un Hollandais me disait, la nuit dernière : « Depuis que nous sommes jugés par les Japonais, il n'y a pas eu une seule plainte contre la légalité. » Et comme je lui demandais pourquoi, dans ce cas, la Chambre des commerçants étrangers continue d'être l'ennemie acharnée des tribunaux nippons, il me répondit : « Par un étrange orgueil qui nous fait croire qu'il est humiliant de nous soumettre, nous autres blancs, à la justice des jaunes. » Toujours les mêmes préjugés ; toujours la même vanité !

*
* *

Dans son héroïsme, dans son amour de la justice, dans son culte de la loyauté et de la générosité, le samouraï est soutenu par l'orgueil d'être Japonais. Vous autres, ceux qui croyez aimer et admirer votre patrie ; vous autres, hommes d'Europe et d'Amérique, vous méritez à peine d'être appelés patriotes ! Le citoyen du Yamato divinise son pays. — Ecoutez : « Les civilisations de tous les pays doivent se réunir au Japon : et le Japon transformera toutes ces civilisations par son influence propre, et dotera le monde d'une civilisation unique et véritable. Telle est la mission particulière du Japon ; celle qui doit éterniser son influence. »

Ces paroles d'un mystique nippon, une revue de Tokio les cite aujourd'hui, et s'en fait un programme. Le Japon doit, à son avis, devenir le centre du monde. Et ne croyez pas qu'elle invoque des raisons de forces ni que les succès remportés sur la Chine et la Russie aient pu faire naître sa croyance. Le Japon doit devenir le centre du monde pour des raisons éternelles, imputables, indépendantes des pouvoirs et des guerres. « Toute chose organisée a son centre, dit le *Jidai Shicho* ; — la terre doit avoir le sien. Ce centre, c'est le Japon qui occupe, ici-bas, la même place que le soleil là-haut. L'Angleterre qui crut avoir ce privilège, se trompe. Sans doute le premier méridien terrestre passe à Londres, et l'Empire britannique est si vaste qu'on peut faire le tour du monde sans sortir de ses domaines. Mais sa situation maritime est inférieure à la nôtre : les eaux qui la baignent sont celles d'un océan secondaire. Quant à l'Inde qui se crut autrefois le centre du monde, elle est aujourd'hui oubliée. La jeune Amérique, riche de progrès, plus riche encore d'avenir ne pouvait moins que se croire le centre du monde ; mais elle est trop étendue pour être un centre. La Chine présente le même inconvénient. » Une fois les rivaux dangereux ainsi écartés, la revue japonaise n'éprouve aucune difficulté à avancer la candidature du saint Yamoto. « Voyons, dit-elle, si notre patrie se trouve dans des conditions favorables pour occuper le poste qui n'appartient encore à personne. » Et avec un sérieux extraordinaire, elle analyse son divin Japon.

Au point de vue géographique, elle le trouve à la limite du monde oriental et du monde occidental, dominant le plus grand océan. C'est déjà beaucoup, cela, mais il y a plus encore, beaucoup plus. La chaîne de ses îles qui s'étend du nord au sud, comprend tous les climats de l'Univers, réunit toutes les cultures, résume toutes les beautés. Son génie national, c'est le génie de toute la terre, puisqu'après s'être assimilé aux époques lointaines, les civilisations de l'Inde et de la Chine, il a réalisé, aujourd'hui, tous les progrès occidentaux. Le seul inconvénient, donc, qu'on pourrait lui trouver, c'est sa petitesse. Mais à cela, le *Jidai Shicho* répond : « Le soleil, parmi les étoiles de la Voie Lactée, n'est lui-même qu'une petite étoile, et, pourtant, il est le centre du ciel. »

« Sans doute, il y a sur la terre des pays plus grands que le nôtre; mais il n'y en a pas qui ait plus de qualités et de génie, et une meilleure position. » Examinant ensuite les courants des civilisations des siècles, la revue Japonaise remarque qu'ils ont toujours été tous dirigés vers sa patrie. La plus ancienne de toutes les civilisations, la civilisation hindoue pénétra en Chine, conquit la Corée et arriva au Japon où elle s'arrêta; plus tard, la civilisation chinoise, après avoir produit Confucius, Mencio et Lao-Tsé, conquit spirituellement l'est et arriva jusqu'au Japon d'où elle ne put passer.

Ceci pour l'Orient. Pour l'Occident, la civilisation grecque, après s'être emparée de l'Europe, passa en Amérique, et de l'Amérique au Japon où elle termina sa carrière. Ainsi, en décrivant un cercle, les deux grandes civilisations qui essaient de s'éloigner l'une de l'autre, arrivent à se réunir dans un lieu admirable qui les confond, les perpétue et leur donne une vie nouvelle. Ce lieu, c'est le Japon. La revue de Tokio trouve cela si clair, qu'elle ne voit pas la nécessité de donner de longues explications.

« Il faudrait être aveugle pour ne pas voir que toutes les civilisations se dirigent vers nous, sous la poussée de la Nature — même », dit-elle; et ensuite, elle demande : « Cela ne prouve-t-il pas que le Yamato est le centre du monde ? »

Comment répondre autrement que par l'affirmative?... Et l'étude se termine par l'oraison suivante :

« Oh ! grande loi de Nature, que tes desseins sont mystérieux ! Compatriotes, comprenez cette loi, comprenez ce qu'est notre pays, comprenez ce que vous êtes ! Nichisen a dit que dans l'univers, notre patrie est la colonne qui soutient la beauté et la grandeur. Elle est le Bouddha des peuples. Adorons, donc, adorons humblement la divine plaine de Mio ! »

LA MISÈRE

La misère, la misère ! Partout on parle de misère ! Ceux qui viennent des provinces lointaines, nous font des récits lamentables: les récoltes sont perdues ; les paysans affolés, envahissent les chaumières, en demandant un peu de riz. Et les étrangers qui, dans le hall de l'Hôtel Métropole ou de l'Impérial-Hôtel, écoutent cela s'exclament :

— Il n'y a qu'à Tokio qu'on ne voit pas de misère !

Non, en effet : dans le parc Hibiya et dans le parc Ouyeno, dans le quartier des Légations et sur le boulevard de Ghinza, la misère ne se voit pas. Avec leur orgueil traditionnel, les Japonais savent dissimuler leurs tristesses et porter fièrement leur pauvreté. Ceux qui demandent l'aumône ne s'adressent jamais à un étranger. L'ancienne légende de l'hidalgo espagnol qui se mettait quelques miettes de pain dans la moustache avant de sortir, pour faire croire qu'il venait de manger, est ici une réalité. Même les plus misérables savent faire des efforts pour ne pas le paraître. Mais il suffit de s'éloigner du centre de la ville et de pénétrer dans les véritables quartiers populaires, pour se convaincre que le sourire de Tokio cache beaucoup de grimaces douloureuses. Le faubourg de Shiba, dans lequel se trouvent les rues de Shinami, de Shodjamatchi et de Samogasi, produit dans l'esprit de ceux qui s'aventurent par ses labyrinthes, la plus pénible impression. Les maisons sont des véritables cavernes dans le fond desquelles s'entassent des tribus déguenillées et affamées. Le principe général japonais qui considère comme nécessaire un espace de deux mètres de long sur soixante-quinze centimètres de large, par personne, n'est pas toujours observé dans ces endroits. J'ai vu dans une cour de la grandeur d'un wagon de chemin de fer, jusqu'à cent habitants.

— Et ne croyez pas — me dit l'ami qui m'accompagne dans cet enfer — que ce soient là des mendiants ou des ouvriers sans travail. Tous ces pauvres êtres exercent d'humbles métiers. Il en est qui raccommodent de vieux effets, il en est qui nettoient des pipes, il en est qui rament dans les canaux, il en est, enfin, qui traînent des voiturettes de louage. Chacun d'eux paie quelques centimes par jour pour avoir le droit de dormir dans un coin. Et tant pis pour celui qui, un jour, ne peut pas payer ! La férocité du propriétaire dans ce quartier est proverbiale, et n'a d'égale que la férocité de l'autre grand tyran des pauvres : le prêteur sur gages. Chacune des petites maisons relativement propres que vous avez remarquées, est un repaire d'usuriers. Les pauvres gens vont engager là des choses invraisemblables : des costumes sans forme, des objets sans nom. Tout a sa valeur, tout produit l'humble *sen* qui permet d'acheter la poignée de riz indispensable. Quelques prêteurs acceptent même, en garantie des chiens et des chats, dans le but de compter à leurs propriétaires le prix des aliments. « La faim a un visage de juif », dit une vieille phrase populaire de l'Espagne.

*
* *

En effet, c'est un visage sinistre que fait à Shinami et à Samegasi, leur population de travailleurs faméliques. Mais il y a encore, dans le Japon, d'autres enfers de misères, qui, pour être moins visibles, n'en sont pas moins terribles. Il ne s'agit plus, à présent, d'un quartier sordide dans certaine cité. Il s'agit du pays entier et de toute une classe sociale. Il s'agit de ceux qu'avec plus de raison ici que dans tout le reste du monde, on appelle des prolétaires déshérités. En cessant d'être des artisans et de travailler pour leur propre compte dans de petits ateliers, les Japonais pauvres abandonnèrent l'humble bonheur traditionnel pour un mirage trompeur de grande industrie et de vie ouvrière. De l'Amérique du Nord, des chiffres troublants arrivaient jusqu'au fond du pays. Là-bas, en face de ce Yokohama où un tisserand, travaillant avec sa famille, gagnait à peine le nécessaire pour vivre, là-bas, pas très loin, à San-Francisco de Californie, un ouvrier quelconque de fabrique touchait des salaires fabuleux. Ainsi, la création de l'armée des travailleurs fut plus rapide que celle de l'autre armée. Les manufactures dressèrent de toutes parts leurs hautes cheminées de brique. La grande industrie remplaça les anciens et délicats métiers de soie, de laque, d'ivoire, de porcelaine. Et avec la grande industrie apparut la grande misère. « La naissance du régime industriel à l'européenne — dit un professeur de l'Université de Tokio — a donné lieu à une odieuse exploitation des ouvriers. Les salaires, bien qu'on les ait augmentés ces temps derniers, sont toujours très bas ; et les heures de travail sont douze ou quatorze par jour, aussi bien pour les hommes que pour les femmes et les enfants ». Un autre Japonais, le commissaire du Ministère du Commerce, Saïto Kashiro, dans une œuvre intitulée : *La Protection ouvrière au Japon*, nous peint la vie des fabriques sous d'horribles couleurs.

Au cours d'une visite estivale dans les manufactures, il trouve des ouvriers qui travaillent tout nus et qui ont le corps couvert de pustules et de plaies. La chaleur dans les ateliers, sans aucune ventilation, arrive à des températures sénégaliennes. Les dortoirs où s'entassent, la nuit, les travailleurs adolescents et les femmes, ne sont pas autre chose que d'immenses cages. En janvier 1900, lors de l'incendie nocturne de l'usine Koniodji, il périt soixante douze pour cent des ouvrières, à cause de l'impossibilité où elles se trouvaient de sortir des dortoirs. Et nous ne devons pas oublier que la population ouvrière se compose, en majeure partie, de femmes et d'enfants. A Osaka, vingt pour cent des travailleurs n'ont pas encore atteint l'age de quatorze ans. Les manufactures d'allumettes, de nattes, de corbeilles, n'emploient que des enfants de huit à dix ans. Dans la soierie, on n'emploie que des femmes. Les femmes travaillent pendant quatorze heures

pour gagner trente ou quarante centimes. C'est là
le prix courant de la main-d'œuvre. Les fabricants
disent : « C'est vrai ; mais aussi nos ouvrières sont
logées et nourries ». Leur chambre, nous l'avons
dit, ce n'est pas autre chose qu'une grande boîte,
mal éclairée et mal aérée. Quant à leur nourriture,
laissons-nous édifier sur ce point par M. le com-
missaire-ministériel, Saïto-Kashiro : « Lorsque je
visitai les fabriques — dit-il — je pus me convaincre
que, dans la plupart, les aliments étaient pleins de
ces grosses mouches vertes qui transportent les mi-
crobes. La nourriture est, presque partout, insuf-
fisante. Deux ou trois espèces de légumes composent le menu de tous les repas. Le poisson est
un plat rare. Le soir, la pitance est si réduite,
que quelques ouvrières mangent seulement les
légumes qu'elles ont eu la précaution de réserver
du repas du matin. » Les salaires des travailleurs
adultes et des pères de famille, suivant la statistique officielle publiée en 1905, varient entre
trente et soixante-dix sen par jour. Les tailleurs
de pierre — qui sont les ouvriers gagnant le plus
— en ont soixante treize, et les teinturiers, trente.
Ces sommes qui, autrefois, quand la vie était
pauvre, pouvaient suffire, sont aujourd'hui
insuffisantes. Et encore, si tout le monde les gagnait ! Mais, au Japon, le nombre des ouvriers
sans travail monte, monte chaque jour, et

forme la classe, autrefois inconnue, des mendiants.

*
* *

Il y a certains quartiers qui sont de véritables cours des miracles, et où l'on assiste à de fantastiques défilés de difformités, de vieilleries, de pourritures. « Le plus grand défaut de l'organisation sociale du Japon — dit Dumolard — c'est le manque d'assistance et de solidarité ». Et ce défaut que les sociologues découvrent en lisant des statistiques qui prouvent que sur les cinq cents hôpitaux du pays, plus de trois-cent soixante-dix appartiennent à des particuliers, cent dix à des municipalités et trois seulement à l'État, nous autres, frivoles voyageurs, nous le voyons dans la rue. Le nombre des aveugles qui marchent à tâtons est incroyable ; et plus incroyable encore, le nombre des malades de la peau. D'après les renseignements fournis par le Ministère de l'Intérieur, il y a dans l'Empire près de trente mille lépreux. Le chiffre vous semble énorme, n'est-ce pas ? Eh bien ! pour le compléter, un autre document ministériel ajoute qu'il y a aussi neuf cent quatre-vingt-dix-neuf mille individus condamnés à des maux analogues, par hérédité ou contagion. A cette catégorie appartiennent, sans doute, les innombrables mendiants qui laissent à découvert ces plaies qui nous effraient comme de diaboliques inventions dans les estampes des anciens caricaturistes et qui, dans la réalité, nous impressionnent plus profondément que les maux des mendiants de n'importe quel autre pays du monde. Car, il n'y a pas a en douter : ici, la pitié grandit. Un souffle de charité bouddhiste anime nos âmes, quand nous voyons que, même chez les êtres les plus abjects et les plus repoussants, certain air de douce et mélancolique résignation, de noble dignité persiste toujours, au milieu des haillons. Une des preuves de la pudeur de cette misère, c'est qu'au lieu de chercher les endroits visibles, de s'exposer en plein soleil, elle se cache dans les quartiers obscurs et préfère la vie nocturne. Pendant la nuit, en effet, autour du temple de Asakusa, aux alentours de la grande foire populaire, la mendicité, plus ou moins rougissante, s'étale dans toute sa misère. Là, des mains purulentes grattent les cordes du chamisen ; des bouches édentées disent la bonne aventure aux mousmés superstitieuses ; des visages maigres se couvrent de masques pour faire rire ; là, ceux qui ne peuvent donner d'autre forme à leur demande, vous implorent avec une humble courtoisie.

J'ai passé quelques heures dans les marchés nocturnes des mendiants. Vision inoubliable ! Les visages que j'avais vu naguère dans cet horrible chtochukine pétersbourgeois, où les Tartares font frire des morceaux de peau dans du suif de chandelle ; les visages des Arabes qui, sur le marché d'Aden, contemplent, en extase, les bouquets de dattes ; les grimaces des Chinois devant les rats rôtis, dans le quartier indigène de Shang-Haï ; tout ce que j'avais vu avant, en des jours d'ingrates réalités, je l'ai retrouvé ici grandi. Oh ! ces grimaces angoissées et grotesques, ces grimaces tragi-comiques et fantastiques, ces simiesques grimaces de douleur, d'impuissance, de résignation et d'animalité ! Dans une irrespirable atmosphère de pourriture, la masse humaine s'agite comme une fourmillière. Ce qui nous répugne, à nous, simples curieux, ces mets infâmes, ces haillons sordides, ces croûtons moisis, cet ensemble imprévu, répugnant et nauséabond, eux, les pauvres, le contemplent avec avidité, avec enthousiasme. C'est la faim !... La faim atroce, la faim effrayante. Les visages livides vont d'un éventaire à l'autre. Tout les attire. Les odeurs de fermentation avivent leurs désirs. Et sans savoir, généralement, ce qu'ils choisissent, ils tendent la main et, en échange d'une menue monnaie de bronze, ils reçoivent la pitance. Mais, hélas ! il n'y a pas dans toutes les mains des pièces de monnaie. Et il faut voir, à côté des malheureux qui mangent ces immondices, combien sont plus malheureux encore ceux qui ne peuvent pas se les procurer, ceux qui se taisent, ceux qui souffrent, ceux qui se désespèrent. Le seul souvenir de ces scènes attriste mon âme.

*
* *

La littérature japonaise compte deux œuvres maîtresses inspirées par la faim et la misère. La première, la plus belle, que de doctes Européens appellent : *l'Enfer du Dante jaune*; c'est le récit, fait par Kamo-Tchomeï, des malheurs du XIIe siècle. Dans une page préliminaire, l'auteur nous explique par quelles causes mystérieuses le riz n'arriva pas à complète maturité pendant les années 1181 et 1182. Puis, avec une simplicité admirable, le récit commence :

« Dans toutes les provinces, les gens abandonnaient les cités et allaient se réfugier dans les montagnes. On fit toutes sortes de prières et on remit en vigueur certaines pratiques religieuses peu usitées en temps ordinaire ; mais tout fut inutile. Comme il est naturel, la capitale eut à souffrir du manque de récolte, et les habitants, pour remédier à leur misère, essayaient de vendre tous les objets de valeur qu'ils possédaient ; mais les acheteurs dédaignaient l'or et recherchaient le riz. Les mendiants envahissaient les rues et les chemins, implorant des secours, et dans un tel état de misère, on arriva, difficilement à terminer l'année. Avec l'année nouvelle, reparut l'espoir, mais pour que rien ne manquât à nos malheurs, la peste vint alors exercer ses ravages parmi nous. » Cependant, la peste n'était pas encore le plus cruel des fléaux : moins horrible que la faim, elle laissait en vie quelques-unes de ses victimes. La faim, non. La faim insatiable et vorace, dévorait toutes les existences. « Tout le monde mourait de faim — poursuit Tchomeï, — et à mesure que le temps passait, notre situation devenait plus désespérée, jusqu'au point que des gens riches durent aller mendier de porte en porte. Quelquefois, on voyait des personnes tomber mortes dans la rue. Les cadavres s'amoncelaient dans tous les pays. L'air était irrespirable. Une odeur de putréfaction emplissait l'ambiant. Les fleurs se fanaient sur leurs tiges. Les chemins étaient impraticables. Les bûcherons, trop faibles, ne pouvaient travailler, et le bois de chauffage atteignit un prix fabuleux. Ceux qui n'étaient pas riches, démolissaient leurs maisons et en vendaient les matériaux. Sur des morceaux de bois destinés au foyer, on trouvait parfois des ornements d'or ou d'argent ; et si vous aviez essayé de découvrir d'où provenaient ces étranges combustibles, vous n'auriez pas tardé à vous apercevoir que la faim avait obligé certaines personnes à voler les images de Bouddha et les objets du culte, pour les couper en morceaux et les vendre. J'ai eu le malheur d'assister à un spectacle aussi désolant, car ma mauvaise étoile m'a fait naître dans ce monde profane et méchant. »

Au milieu de cette tragédie générale, le poète ne perd pas de vue les épisodes significatifs. Aucun détail ne lui échappe.

Voici ce qu'il dit des amants : « Quand une femme et un homme s'aimaient passionnément, le plus passionné des deux se tuait le premier, léguant à l'autre tout ce qu'il possédait et avait pu amasser. Dans l'horreur de la souffrance, la rose divine du sacrifice fleurissait encore. Le plus naturellement du monde, les parents mouraient pour leurs fils. Il y avait des cas où les enfants prenaient encore le sein de leur mère, ne sachant pas qu'elle était morte. Un bonze du temple de Zisonin, désolé par le nombre des personnes qui périssaient, recommanda aux âmes pieuses qui trouveraient un cadavre sur leur chemin, de lui tracer sur le front le premier des signes chinois, ce qui signifiait : « *Il a fini de vivre et de souffrir !* »

Les chiffres que Tchomeï publie, sont véritablement effrayants. Dans Tokio seulement — ville relativement peu peuplée, si l'on tient compte de l'époque — il mourut, en un mois, près de 50.000 personnes. Et l'auteur ajoute en terminant : « A ce nombre, il faut ajouter celui des personnes qui moururent avant et après ce mois ; et si l'on voulait encore ajouter à ce total, le chiffre des personnes décédées dans les quartiers excentriques, ce serait un travail interminable. J'ai entendu dire que dans les provinces, il y a eu, récemment, une famine pareille à celle qui nous décima, sous le règne de Sotoku, soit de 1131 à 1135 ; mais je n'en connais pas les détails. Ce que je viens de décrire et dont j'ai été le témoin oculaire, est l'état de choses le plus lamentable que l'on puisse imaginer. »

L'autre œuvre japonaise, inspirée par la misère, est celle de Bakin. Le grand poète moderne y parle de la famine au xviiie siècle. En 1786, à cause de la sécheresse, les récoltes furent complètement perdues dans la plupart des provinces. Dans Yédo circula la rumeur sinistre que les négociants en grains avaient conclu un *pacte de famine*. Le peuple envoya des pétitions au Gouverneur pour demander que les magasins fussent ouverts ; mais ce fonctionnaire déclara que les magasins ne contenaient absolument rien. La nouvelle produisit une émotion profonde. Des groupes bruyants se formaient devant les boutiques, où les commerçants vendaient, chaque jour, une quantité limitée de riz. Au bout de quelques jours, on n'avait plus à manger qu'une espèce d'herbe marine. Dans la nuit du 20 juin, une bande saccagea la maison d'un négociant en riz de Kojimachi. Ce fut le premier acte de révolte.

Durant les journées des 21, 22 et 23, le mouvement insurrectionnel gagna toute la Cité. Des centaines d'hommes commencèrent de saccager tout ce qu'ils trouvaient sur leur passage. D'autres détails que Bakin donne dans son remarquable ouvrage, ont été reconnus si exacts que La Maizliere les cite dans son *Histoire* comme épisodes très connus. « Un témoin digne de foi, m'assure, dit-il, que des cinq cents familles d'un village, il n'en resta que trente : tous les membres des autres étaient morts. On donnait jusqu'à quatre-vingt *sens* pour un chien et plus de cinquante pour un rat. On mangeait les morts ; et pour éviter la putréfaction, on les découpait et on les mettait en conserve » Puis il nous rapporte l'histoire d'un homme qui, ayant déjà perdu sa femme et l'aîné de ses fils, remit l'autre à un voisin en disant : « Comme celui-là va mourir aussi, il vaudra mieux le tuer pour le manger. Je suis son père et je n'ai pas le courage de le tuer ; charge-toi de cela, et nous le partagerons. » Le voisin accepta la macabre proposition; mais à peine avait-il tué l'enfant, que le père lui trancha la tête d'un coup de hache, non pour se venger, mais pour avoir le corps à lui tout seul! Y a-t-il, dans toute l'histoire du Moyen-Age, une plus terrible anecdote? Les pessimistes vous répondent :

— Vous verrez des choses plus terribles, si la disette actuelle se généralise et se prolonge.

Mais la raison et le sentiment se refusent à accepter ces funestes prophéties. Non! la faim ne peut plus durer aujourd'hui; non, le monde ne permettra pas que les héros d'hier, ceux qui mouraient superbement au milieu des plaines mandchoues, soient victimes de cette horrible plaie dont la cruauté s'aggrave encore de laideur.

*
* *

Parmi les misérables du Japon actuel, il y a toute une caste, la caste des *etas*, qui peut être comparée aux gitanos d'Europe. De même que la race errante qui, depuis le moyen âge, roule par les chemins d'Espagne et de Hongrie, ces nomades jaunes ont une légende de poésie mystérieuse. De leur origine, on ne sait rien de certain. Les uns leur donnent pour aïeux les juifs de la treizième tribu d'Israël; d'autres assurent que ce sont les descendants des lépreux du ve siècle qui, fuyant les cités, se dispersèrent dans les campagnes; les plus érudits enfin, les considèrent comme les descendants des captifs coréens de la première expédition. En tout cas, quelles que soient leur origine et leur provenance, ils n'ont pas à se louer de l'étoile qui les conduisit au Yamato. Depuis un temps immémorial, jusqu'à il y a quelques lustres à peine, leur condition fut identique à celle de ces parias hindous qui, suivant la loi de Manou, ne pouvaient ni avoir de demeure, ni posséder des assiettes entières, ni s'habiller d'autre chose que des dépouilles des morts, ni toucher aucun objet appartenant à un homme d'une classe supérieure, ni exercer aucun métier régulier. *Eta* veut dire impur. L'*eta* ne doit manger que du chien ou du corbeau et du riz avec des légumes pourris; quand il n'est pas employé comme bourreau, il travaille au balayage des rues ou ramasse les ordures; l'aristocratie de l'espèce peut arriver jusqu'au métier de tanneur; mais elle s'arrête là. Quand il commet quelque délit, l'*eta* est châtié plus durement que les Japonais ordinaires. Et les leçons de bonté que donne le bouddhisme, si elles protègent les animaux, n'arrive pas jusqu'à l'*eta*. L'*eta* est moins qu'un animal, puisqu'il ne peut pas même avoir un maître, ni être esclave. Quand l'un d'eux se hasardait autrefois à pénétrer dans une maison, le maître faisait de suite brûler les nattes sur lesquelles ses pieds s'étaient posés. Vers le milieu du siècle dernier, un *eta* fut tué un jour par un marinier d'Osaka. Les tribunaux n'infligèrent au meurtrier aucune peine, mais ils le prévinrent charitablement que s'il venait à tuer encore deux *etas*, il serait aussi puni que s'il avait tué un chien, « car — disaient les juges — trois *etas* valent un chien. » Mais cette caste maudite dispose d'un terrible moyen de vengeance : la beauté de ses femmes. Dans les drames, on voit souvent quelque grand personnage, amoureux d'une *eta*, obligé de se suicider. Les princes eux-mêmes ont succombé. Le héros national, Yorimoto, s'arrêta une nuit dans une auberge, sur le chemin de Tokaïdo. Il trouva la servante à son goût. Avant de partir, il lui laissa une médaille. Quinze ans après, il se présenta au palais un petit garçon porteur de la médaille et d'une lettre dans laquelle sa mère disait au shogun tout-puissant que cet enfant, bien qu'il fût *eta*, était le produit de ses caresses. Yorimoto, qui ne pouvait permettre qu'un de ses rejetons ne fut pas roi, le proclama *eta-gachira*, c'est-à-dire, roi des *etas*. La dynastie se continua jusqu'à ce qu'en 1875, le gouvernement parlementaire eut supprimé les différences de castes. Mais si le monarque a disparu, il n'en a pas été de même du préjugé populaire. Même en étant citoyens, les *etas* inspirent le mépris. Dans le quartier où ils habitent, j'ai pu constater l'immuabilité des erreurs millénaires. Tous exercent les mêmes métiers qu'autrefois, et tous portent ce timbre spécial de misère dont la vie semble marquer le visage de ceux qui souffrent de génération en génération. Qu'importe que la loi les déclare égaux aux autres citoyens si les autres citoyens et eux-mêmes ne le croient pas ? Lors d'un procès récent, où l'on vit, chose inouïe ! un juge donner raison à un *eta* contre un homme d'une autre caste, le peuple entier protesta, indigné.

*
* *

Les Japonais assurent que la misère, telle qu'elle existe à Tokio, à Kioto, à Osaka, dans toutes les grandes cités de l'empire, est une conséquence fatale de l'influence européenne.

— Autrefois — disent-ils — nous étions tous pauvres ; mais personne n'était misérable.

En effet, les tableaux que tracent de la vie nippone les anciens voyageurs, sont presque paradisiaques. « Le riche marchand — écrit un globe-trotter du siècle dernier — ne se nourrit pas de différente façon que l'humble travailleur. Le luxe proprement dit n'existe pas, et ainsi, personne ne se considère comme plus malheureux que son voisin.

Pourvu qu'il ne soit pas impotent, chacun gagne, ici, le nécessaire pour vivre, et personne ne désire autre chose que le nécessaire. « De cette Arcadie, le souvenir seul demeure. Dans les champs, les agriculteurs se plaignent fréquemment de la disette, et parfois réclament à grands cris des secours contre la faim.

Dans les cités, le nombre de ceux qui ne mangent pas à leur faim, augmente chaque jour, à mesure que la vie s'industrialise et renchérit. Le fonctionnaire lui-même, qui était autrefois un magnat, est devenu aujourd'hui un simple prolétaire, et va, parfois, vêtu comme un mendiant, chercher dans les marchés nocturnes une nourriture suffisamment bon marché, pour pouvoir, avec la plus grande partie de ses appointements, soutenir le décor extérieur que lui impose la vie moderne. « Les conditions économiques actuelles du pays — dit Dumolard — ont des effets qui touchent de près toutes les classes sociales, car ils ont opéré une violente division d'inégalités dans une société qui, pendant des siècles et des siècles, avait eu pour unique base le bien-être général moyen ». Maintenant, en réalité, les grands terriens sont nombreux, maintenant, les usuriers se font appeler banquiers, maintenant, les spéculateurs abondent. Mais en même temps que les riches, les pauvres ont paru en si grand nombre, que de l'aveu général, il n'y a pas au Japon de problème plus effrayant que celui du paupérisme. D'année en année, la vague noire monte. Les usines dépeuplent les campagnes, pour ne peupler les grands centres que d'ouvriers misérables. Dans des villes comme Tokio, ceux qui cherchent en vain du travail, se comptent par centaines de mille. Les idées socialistes, en terrorisant les capitalistes, paralysent l'initiative industrielle et arrêtent l'accroissement logique du nombre des fabriques. Au retour de la guerre, les soldats, qui étaient autrefois des laboureurs, aiment mieux demeurer dans la capitale. La vie militaire, avec ses surprises, leur a fait perdre leurs habitudes rustiques. La consommation de l'alcool augmente dans de telles proportions que le Gouvernement, qui en tire pourtant de gros revenus, s'en inquiète. Une sourde transformation change les conditions de la vie économique, sans modifier l'âme du peuple. La seule chose que les Japonais ont apprise des Européens, c'est, au fond, l'art de tuer scientifiquement et l'art d'avoir faim. « Personne, hors d'ici, ne soupçonne — écrit, de Tokio, M. André Bellessort — la marée montante de misère qui envahit peu à peu le pays, à mesure que les méthodes occidentales de lutte pour la vie chassent les dernières nuées bouddhistes de l'ancien firmament ». Non, personne de loin ne soupçonne cela. Et puis, n'est-il pas plus agréable de contempler, dans les albums, les brillants défilés de cuirassés sur les golfes bleus, ou de lire, dans les poèmes, le récit des belles prouesses des samuraïs d'autrefois ?...

LE CULTE DE L'ÉPÉE

Une loi féodale de la province de Latzuma dit : « Si un homme, en public, pour quelque motif que ce soit, tire son épée contre quelqu'un, il ne la remettra au fourreau qu'après avoir tué son adversaire en combat loyal. » Ceci n'est plus aujourd'hui une loi écrite, mais n'en continue pas moins d'être scrupuleusement observé. Le sabre, symbole de l'homme comme le miroir est l'emblème de la femme, conserve de nos jours tout son mystique prestige. Dans les églises sintoïques, le peuple le vénère. Dans chaque maison, pour si modeste et modernisée qu'elle soit, il y a toujours un endroit où brille quelque belle arme qui, avec sa poignée d'ivoire, ses incrustations de cuivre, sa dragonne de vieux cuir et son riche fourreau, est l'objet de la vénération familiale.

Il suffit de passer quelques heures dans le Musée du Parc Ouyeno pour se faire une idée de l'importance que les Japonais accordent à leurs armes. Dans ces vastes galeries, où les trésors artistiques abondent, on voit les plus vénérables kakimonos sans cadre et couverts de poussière, les plus riches soieries exposées dans les plus humbles vitrines, les laques les plus somptueuses dans les endroits les plus obscurs. Mais passez à la salle des armes, et tout change. Chaque lame d'acier y est placée sur un petit autel de satin, chaque fourreau y a son écrin de velours. Et ne croyez pas que ce soit à leurs ornements artistiques ou au prestige de leur histoire que ces armes doivent d'avoir obtenu les meilleures places du Musée. Les Japonais ont pour les lames d'acier forgé un enthousiasme incompréhensible pour nous. Autrefois, les armuriers étaient considérés autant que les plus nobles seigneurs du royaume. « Les lames japonaises — dit Gonse — sont indiscutablement les plus belles qu'on ait jamais faites au monde, et celles de Damas ou de Tolède, quand elles leur sont comparées, paraissent de simples joujoux. »

En plusieurs occasions, en effet, les collectionneurs de Tokio ont parié qu'un sabre quelconque du XVIe siècle, de Nara, de Tokio, ou de Yedo, pouvait couper d'un seul coup un sabre de cavalerie, allemand ou français ; et chaque fois ils ont gagné le pari. Cela explique le prix fabuleux que peut atteindre une arme de samouraï. Donner cinq mille francs pour une lame seule, sans poignée et sans fourreau, n'est pas chose rare. Les chroniques anciennes nous parlent des armes qui furent envoyées par le shogun à Philippe II d'Espagne comme de choses merveilleuses. « C'étaient les œuvres maîtresses de l'incomparable Miotshiu » disent-elles. Et la légende ajoute qu'une de ces armes avait été essayée par le grand daïmio lui-même qui « d'un seul coup, en avait coupé les têtes de deux cadavres frais. D'autres lames, signées par la dynastie des Goto, passent pour avoir coupé par le milieu des guerriers revêtus de leurs armures.

Dans ce pays où l'étiquette est une religion, le sabre a un protocole plus compliqué et plus strict que celui du sceptre. Porter la main à la poignée en présence de quelqu'un équivaut à une provocation ; placer son arme par terre la pointe dirigée vers une personne, c'est une mortelle offense ; avant d'enlever son sabre du ceinturon il faut en demander l'autorisation aux présents ; celui qui entre chez un de ses amis l'épée au côté est considéré comme voulant rompre les liens de l'amitié : à chaque porte se trouve un serviteur auquel le gentilhomme doit remettre son arme, la poignée entourée d'un mouchoir de soie blanche ; mettre son sabre à sa droite, c'est signe que l'on craint d'être attaqué ; montrer une lame nue, sans y avoir été invité, c'est faire preuve de mauvaise éducation. Et cela qui peut faire sourire au loin, a fait verser ici beaucoup de sang. A ce sujet, on trouve dans les *Relations du Président de la Société Hollandaise* publiées par Melchisédech à la fin du XVII° siècle, une anecdote significative. Deux gentilshommes se rencontrèrent dans l'escalier du palais shogunal. Lorsqu'ils passèrent l'un près de l'autre, leurs épées s'entrechoquèrent.

L'un d'eux s'arrêta sur le champ et questionna l'autre qui lui répondit fort courtoisement que cela avait été l'effet du hasard. « D'ailleurs, ajouta-t-il, nos épées se valent et aucune n'a eu à souffrir de ce contact involontaire. » Son interlocuteur reprit : « Mon épée n'est pas seulement égale, mais supérieure à toutes les autres. Je le prouverai de suite ». Et la sortant, il s'en ouvrit le ventre. L'autre gentilhomme qui avait promis au shogun d'aller le visiter, continua son chemin ; mais au retour, il s'arrêta à l'endroit où son rival était mort peu auparavant, et s'arracha lui aussi les entrailles en disant : « Mon épée ne peut pas permettre qu'on la croie inférieure à celle de qui que ce soit, mort ou vivant. »

Dans les poèmes antiques, dans les drames populaires, dans les prières sintoïques, dans tout ce qui reflète l'âme populaire, le sabre apparaît comme un suprême symbole de loyauté, de bravoure, de noblesse, d'élégance, de vertu. « Celui qui oublie son épée — dit un aphorisme du shogun Yeyas — oubliera aussi son honneur ! » Et les légendes parlent de pauvres capitaines tombés dans le malheur et qui, après avoir mendié, après avoir volé même, meurent de faim sans se séparer de leur sabre. Le sabre est le dernier refuge de l'honneur. Quand on ne conserve plus aucune illusion, quand on a perdu tout espoir, quand la vie même paraît méprisable, la lame d'acier, brillante et orgueilleuse, conserve encore tout son prestige.

Les plus vils laquais s'inclinent devant sa splendeur. Innombrables sont les histoires qui le prouvent. Et on peut voir, parfois, un homme vêtu de haillons frapper à la porte d'une demeure seigneuriale et demander aux valets qu'on le conduise devant le daïmio. Les valets, d'abord, sourient dédaigneusement ; mais quand ils s'aperçoivent que le misérable visiteur porte une épée vénérable, de celles qu'on ne peut pas confondre avec une arme vulgaire, ils s'inclinent devant sa pauvreté et obéissent à sa misère.

Après cela, on comprend que les artistes les plus éminents, les ciseleurs les plus célèbres consacrent leur vie entière à ciseler une simple poignée de cuivre.

* * *

Allez visiter un Japonais artiste et riche. Avant ses véritables Kakimonos, signés par les Kano et les Harunobu ; avant ses coffrets de laque de Ritzuo-le-Mage ou du divin Korin ; avant ses superbes soieries sur lesquelles Yuzen broda autrefois les blasons de la famille ; avant ses menus ivoires ciselés par Marzanno ; avant ses trésors de porcelaines antiques, avant tout et plus respectueusement que tout, il vous fera admirer ses sabres anciens, ses superbes, ses riches sabres traditionnels. Et si, ce faisant, il a le droit de vous dire que ce sont des œuvres de Sukerada, de Masamuné, de Sinosoku, de Munetsika ou de quelque autre maître immortel, oh ! alors, vous ne pourrez pas ne pas remarquer sur quel ton de respect presque religieux ses lèvres prononcent ces noms. Les temples eux-mêmes s'enorgueillissent plus encore de leurs sabres historiques que de leurs merveilleux plafonds ou de leurs sculptures. Pénétrez dans les sanctuaires de Mikko et demandez à un moine gardien quel est le plus précieux trésor du temple, il vous répondra : « Les sabres du Shogun Yeyas. ». Puis, à Kamakura, dans le temple de Hatsiman et, plus encore, dans les chapelles saintes des montagnes, les plus vénérées reliques sont les sabres, toujours les sabres.

*
* *

Quel souvenir précis j'ai gardé du jour où Hayashi me fit admirer ses lames d'acier ! Nous nous trouvions dans le hall à demi-européen de sa maison. Par les larges fenêtres, entraient les effluves parfumées de son jardin de lis, et le soleil printanier caressait sans violence la surface brillante des aciers.

— Je possède des types de tous les siècles et de tous les styles. Voyez plutôt quelle variété !

Mais moi, je l'avoue à ma honte, je ne distinguais aucune différence entre ces lames. Toutes me semblaient pareilles, par la forme et par le caractère, sauf peut-être quelques variantes dans les poignées et dans les ciselures. Mais, justement, cela est, paraît-il, ce qu'il y a de moins important.

Les ornements sont des choses tout à fait secondaires. Ce qui intéresse, c'est l'acier lui-même, sa trempe et son timbre spécial. Ainsi quand quelqu'un vous montre ses collections, il s'empresse d'enlever les fourreaux de laque, les écrins artistiques. Ce qu'il faut voir, ce qu'il faut admirer, c'est la lame. Vous vous figuriez peut-être qu'une lame d'acier au Japon est chose toute simple? Eh bien! lisez cette description qu'en fait M. le Directeur du Musée d'artillerie, de Paris :

« Nous avons rompu la lame en trois morceaux, et nous avons pu constater qu'elle se composait d'une armature de fer entièrement recouverte d'acier. L'acier des plats est moins épais que celui du tranchant, et cela tient au mode spécial de trempe. La résistance des deux métaux est calculée d'une façon toute mathématique et ce calcul doit occasionner un grand travail. Les armuriers européens, avant de voir de pareils ouvrages, n'auraient pas cru qu'ils fussent humainement possibles. »

Sur ce point, plus d'un Japonais dirait :

— En effet, les lames qui sont vraiment admirables semblent avoir été forgées non par les hommes, mais par les dieux.

Une tradition populaire attribue au dieu Inari la fabrication des plus belles épées. Quand un forgeron aime profondément son travail, la divinité protectrice des soldats et des femmes l'aide dans son labeur et donne une âme aux armes qu'il fabrique. Ceci explique les mille légendes dans lesquelles le sabre, sans que personne le touche, sort de son fourreau de laque, et venge, châtie ou défend. Un laquais vola un jour une épée et s'en servit pour tuer un autre laquais. Le sang ne s'effaça jamais du noble acier. Le laquais fit limer l'arme. Le sang avait pénétré jusqu'au cœur du métal. Une autre épée se rompit, un jour que son maître allait s'en servir pour commettre une injustice. Ainsi donc, rien d'étonnant à ce que les samouraïs voient en leurs armes d'acier de loyales compagnes, des âmes fidèles, de nobles sœurs, et les baptisent et les aiment. Dans son testament, l'empereur Gomiwo dit : « Je lègue à mon fils un sabre qui s'appelle : Dyoky-Mazamé et que j'aime de tout mon cœur; je lui lègue aussi un autre sabre plus petit dont le nom est Burgo Disero. » « J'ai toujours tenu les armes en grande estime, et je souhaite que mon fils ait pour elles les mêmes sentiments ».

Tout cela m'était dit par mon illustre ami Hayashi, tandis que le soleil printanier caressait respectueusement les admirables lames de sa collection antique.

*
**

Les armes modernes, si j'en crois les doctes spécialistes, n'ont pas le même mérite. « A partir du XVIIIe siècle — dit Gonse — les forgerons manquent d'histoire ». Par contre, ceux d'avant cette époque figurent au premier plan dans les plus glorieuses pages de la chronique nationale. Au VIIIe siècle, brille Shiumun. Ses sabres sont des merveilles d'élégance et de résistance. A la Cour de Kioto, dans la quiétude de la paix et de la prospérité publique, les nobles se consacrent à les orner. Quelques seigneurs emploient, pendant des années et des années, des familles entières à se faire façonner une poignée. Après Shiumun viennent Shinsoku et Sanemori, dont les aciers sont considérés comme des œuvres maîtresses par excellence. L'époque est propice à l'art de l'armurerie somptueuse. Les Fujivara vainqueurs, maîtres du pouvoir, tyrans du pays, ont besoin que leurs capitaines montrent en tout une invincible supériorité. Les sabres sortant des ateliers célèbres acquièrent un prestige jusqu'alors inconnu et non dépassé depuis. Aujourd'hui encore, celui qui possède — comme Montefiore, le collectionneur italien — une arme authentique de Sanemori, jouit, dans le monde des japonistes, d'une universelle renommée. Muneshika est le plus célèbre armurier du xe siècle, et Yoshihé, du xie. — Un peu plus tard, un empereur optimiste, le bon Gotoba, crut qu'en protégeant ceux qui se consacreraient à forger des aciers, il augmenterait la production des armes, sans rien leur faire perdre de leur valeur. Vers cette époque, les sabres abondent.

Chaque noble en a un spécial pour chaque mois de l'année, pour chaque grande fête, pour chaque costume. Mais parmi tant de producteurs, très peu méritèrent de voir leur nom passer à la postérité. Les forgerons les plus célèbres du xiiie siècle sont : Yosimitsu, Koniyuky et Kunitosy ; ceux du xive siècle : Masamuné, Kaniuje et Okenemitzu ; ceux du xve : Kanesada, Kanezané et Ujifura. — Au xvie siècle — siècle d'aventures, de disputes, de duels, de caprices, d'art et de luxe — brillent les Umedada, les Miojin, les Harumitzu, les Sukerada, les Kiyomitsu, les Yazutzugu. Aucun moment n'a été plus favorable à la production des belles armes. Le cérémonial de la cour a établi les règles de la chevalerie et de l'élégance. Tout est soumis à un protocole méticuleux. On n'assiste sans arme à aucune solennité. Le langage du sabre prend une importance tragique. Ne pas s'incliner devant une arme, c'est en offenser mortellement le possesseur. Les forgerons obtiennent à la cour un rang élevé et leurs œuvres atteignent des prix fabuleux. Avoir au côté une lame fabriquée par un maître, c'est comme porter un sauf-conduit. Ces coutumes durèrent pendant tout le Shogunat.

Pour montrer jusqu'où arrive, au xviie siècle, l'amour des Samouraïs pour leurs armes, il faut recourir à l'histoire anecdotique du théâtre. Vers 1680, une ordonnance Shogunale, assimilant les théâtres aux maisons de plaisir, défendit que personne y pénétrât en armes. La classe guerrière, à cette époque la plus cultivée et la plus artiste, demanda qu'un tel décret ne fut pas mis en vigueur, car le seul plaisir des nobles, en temps de paix, c'était le spectacle. L'autorité n'écouta pas cette demande, et ordonna que le décret fût appliqué dans toute sa rigueur. Alors, les Samouraïs, sans colère, sans intention de protester, mais uniquement pour ne pas se présenter dans un lieu public sans leurs belles armes, cessèrent d'aller applaudir les drames. « Le véritable homme d'honneur de l'ancien régime — dit Arima Sakemara — ne se séparait jamais de ses deux sabres, même lorsqu'il était seul dans sa maison ! »

*
* *

Lefcadio Hearn rapporte, dans *Glimpses of un familiar Japan*, une anecdote très significative. Un Anglais de Yokohama avait à son service, comme professeur de japonais, un Samouraï bien déchu et qui n'avait conservé de son ancienne splendeur qu'un sabre admirable, œuvre d'un armurier du XVIe siècle. Un jour, le noble pauvre emprunta mille yen à l'Anglais, et lui laissa son sabre en garantie. Au bout d'un an, Dieu sait au prix de quelles privations, le Japonais avait réuni pareille somme : il paya sa dette. Le temps passa. Les relations entre le professeur et l'élève se refroidirent un peu.

Enfin, un jour, une dispute éclata, et l'Anglais, dans un moment de mauvaise humeur, donna un soufflet à son ami. Instinctivement, l'offensé porta la main à son épée ; mais il ne la sortit pas du fourreau. Grave et impassible, le Samouraï s'éloigna. L'Européen, quand il eut retrouvé son calme, se promit de faire le lendemain toutes sortes d'excuses à son maître. Mais, dans la nuit, il reçut une lettre qui disait : « J'ai l'honneur de vous faire part de mon prochain suicide. Quand un homme reçoit une grave offense et ne peut pas se venger, son honneur est taché. En tout autre cas, j'aurais su, malgré les ans, châtier l'insulte que vous m'avez faite. Mais, dans le cas présent, je ne le pouvais pas, car mon sabre sait rester fidèle, et il n'oublie pas que vous l'avez eu pendant un an en votre pouvoir. Comment aurai-je pu diriger cette arme contre vous? Je préfère mourir. » Et, en effet, il fit *harakiri*.

**

Même à l'instant suprême de la mort, les Japonais n'oublient pas le respect qu'ils doivent à leurs armes. Dans tous les récits de *harakiri*, le narrateur parle de révérences que l'« officiant » fait au sabre qui va lui servir à s'ouvrir le ventre. L'ami, ou pour mieux dire le parrain de la victime lui présente, dans un riche écrin de soie, un sabre très court, coupant comme un rasoir. La victime prend l'arme, la contemple, s'incline devant elle, l'élève deux fois jusqu'à son front et la saisit par la poignée. C'est le moment suprême. Plus tard, quand la tête a roulé sur le tapis d'honneur grâce à la clémence d'un compagnon qui a décapité le suicidé pour lui épargner les tortures d'une lente agonie, le parrain s'approche, retire du ventre la lame d'acier et, sans l'essuyer, l'enveloppe d'un linge blanc avec un religieux respect. Ce sabre devient une relique. Les parents du mort le conservent précieusement et le montrent avec orgueil. J'en ai vu un qui avait servi au suicide d'un samouraï du xvii° siècle et qu'un collectionneur parisien avait payé un prix fantastique dans une vente publique à Tokio. Il n'est pas signé ; mais ceci ne veut point dire que son auteur avait peu de talent. Au contraire ! Aux bonnes époques, les grands forgerons ne mettaient jamais leur nom sur leurs œuvres, certains que les vrais connaisseurs en découvriraient l'origine sans la moindre difficulté.

— Pour vingt mille francs — me disait ce collectionneur — il ne serait pas aisé de trouver une autre arme pareille à celle-ci. Les Japonais savent ce que valent leurs trésors ; et non seulement ils les font payer fort cher, mais encore ils ne consentent pas facilement à les laisser sortir du pays.

Dans un catalogue de 1690, se trouvent mentionnées des lames sans monture, forgées par des artistes célèbres, et dont la mise à prix est de dix mille francs. Les Hollandais, qui donnent ces détails, ajoutent : « Nous ne nous hasardâmes pas à les acheter, malgré le vif désir que nous en avions, car on nous avait prévenus qu'il était défendu de les vendre aux musées européens et même seulement de les exporter. » En effet, les Japonais de cette époque venaient de faire un exemple du gouverneur Sié-Lugu-Fesso, daïgan de Nagasaki, en le crucifiant pour avoir réuni une collection de sabres admirables qu'il se proposait d'envoyer à l'étranger.

L'ESPRIT DE TOLÉRANCE

> « Nous ne pouvons pas ne pas exprimer notre sympathie à à ce grand peuple russe contre lequel nous luttons, et qui ne jouit pas même de la liberté de conscience. — Evêque *Morimoto Bunjo*. »

Par ces après-midis claires, quand les voitures de la noblesse reviennent vers la ville, après la classique promenade au parc Ouyeno, on voit surgir là-bas, au centre de Tokio, deux immenses coupoles de pierre. Au-dessus des maisons minuscules et des toits uniformes, cette masse architectonique — un temple sans doute — surprend, comme l'apparition d'un monstre étranger, comme quelque chose venu de très loin, et fait pour un autre climat, pour une autre race, pour d'autres soleils. Quelle différence, en effet, entre ce dôme et les sanctuaires nationaux ! Que ce monument paraît sombre, si on le compare aux joyeuses pagodes rouges, avec les chapelles aux murs dorés et ciselés comme des joyaux ! Sa masse immense n'est pas faite pour séduire, mais pour dominer. Il est un défi aux siècles futurs qui le trouveront là, toujours debout, tandis que les temples indigènes qui l'entourent et qui ne sont que des reconstitutions d'autres temples plus anciens, seront déjà tombés cent fois, et auront été reconstruits cent fois par des mains pieuses. Les flammes elles-mêmes qui, pourtant, sont ici les habituelles destructrices de reliques, n'arriveront pas à abattre son orgueil. Tout de sa construction est préparé pour résister aux incendies. Et on ne peut pas, étant donné la situation actuelle, ne pas admirer sans réserves, la respectueuse humilité avec laquelle le peuple japonais supporte cette perpétuelle, cette hautaine insulte.

Car ce sont les coupoles de la cathédrale russe !

*
* *

Ici où tout est délicat, fleuri, léger ; où les gardiens des dieux cherchent des bocages amènes pour procurer de l'ombre aux autels ; où les tours de cinq toits superposés arrivent à peine à la hauteur d'un pin centenaire ; où les palais ressemblent à des pavillons transportables, et où les murs sont de papier transparent ; ici, dans l'empire du fin et du vaporeux, les Russes sont venus édifier cette masse énorme et sombre. Les catholiques eux-mêmes, malgré leur goût actuel détestable, et les protestants, dont l'esthétique n'est pas moins médiocre, avaient respecté, jusqu'à un certain point, l'instinct artistique du pays ; et ne pouvant s'empêcher d'élever des tours de maçonnerie et des murs de prison, ils avaient eu, du moins, le tact de dissimuler l'ensemble parmi des feuillages admirables. A Sukiji, en effet, dans l'ancien quartier des légations, toute la rue des couvents et des chapelles, des écoles évangéliques et des librairies bibliques, est un jardin délicieux. Les clochers se perdent parmi les cimes des cyprès, et les plantes grimpantes tapissent joyeusement les murs sévères.

Seuls, les Russes ont choisi une colline pour y ériger cette très haute, cette très visible et dénudée sentinelle de la foi orthodoxe, au-dessus de laquelle une croix grecque ouvre ses triples bras.

Et elle reste pourtant debout, la hautaine cathédrale ! Au dedans, les icones, qui ont le devoir de demander au ciel la défaite des armées japonaises, les icones aux longues barbes et aux visages exsangues, les saint Nicolas, les saint Serge, les saint Alexis guerriers, reçoivent l'encens de la fanatique adoration. Le peuple sait cela : il sait que ces pierres ont été achetées avec de l'or venu de Saint-Pétersbourg, que ces images ont été bénites par l'empereur pape et roi, que les oraisons gravées sur ces autels sont celles que les popes récitent en Mandchourie. Le peuple sait tout cela; et elle reste là, pourtant, debout, entourée de l'universel respect, l'énorme église ennemie...

*
* *

Les Russes se plaignent qu'au début de la guerre les Japonais se soient montrés si menaçants qu'on ait fini par craindre qu'ils ne démolissent la cathédrale orthodoxe de Tokio. Un missionnaire français qui, suivant sa propre expression, est venu ici « prendre des leçons de tolérance », m'a traduit les articles les plus violents publiés, à cette époque, contre l'église moscovite; et pour rester franc, je dois reconnaître qu'ils ne me paraissent pas aussi incendiaires qu'ils l'ont paru aux journalistes de Moscou. Le plus violent de tous, publié par le *Nihon*, se fait l'écho des colères populaires contre « ces tours russes qui s'élèvent plus haut que le palais impérial » et contre « cette cloche du dimanche qui rappelle à des Japonais que le moment est venu de prier pour le tsar ». Mais aucune de ces deux accusations ne semble bien grave à celui qui les rapporte. Ce qui l'inquiète davantage, c'est la constitution même du temple ; et nous devons reconnaître qu'en ceci, il a parfaitement raison. « Cette cathédrale — dit-il — appartient à l'Église russe, et se trouve sous la férule directe du Saint-Synode. Eh bien ! dans l'empire moscovite, le chef de l'Église est en même temps le chef de l'Armée : l'Empereur. Les évêques ne sont que fonctionnaires payés par le tsar et soumis à ses ordres. Pouvons-nous, dans ces conditions, tolérer qu'il y ait dans notre capitale un temple russe desservi par un évêque russe ? » Un autre journal, le *Yamato* examine les rituels du culte, et les trouve non seulement offensants pour la dignité nationale, mais encore contraires aux lois. Quand il baptise un Japonais qui se convertit à la foi orthodoxe, l'évêque lui demande en effet : « Renoncez-vous aux dieux et aux bouddhas de vos sectes, à leurs perverses doctrines en général, et à chacune d'elles en particulier ?... Renoncez-vous à tout cela pour toujours ? » La phrase, très ancienne déjà, est, paraît-il, à peu près la même dans toutes les religions, quand il s'agit d'y admettre quelque nouveau converti. Mais les Japonais s'en offensent. « Ces formules — déclare le *Yamato* — sont odieuses et sauvages. L'article 263 de notre Code pénal établit que tous ceux qui se rendront publiquement coupables d'insultes ou d'irrévérences envers les religions sintoïste ou bouddhiste, envers les tombes ou autres lieux saints, seront passibles d'une amende de deux à vingt yen. Eh bien! est-ce que les paroles que nous venons de citer ne constituent pas une grave insulte à nos cultes nationaux ? Est-ce qu'elles ne poussent pas à des actes punissables ? Il y a peu de temps qu'après une cérémonie au cours de laquelle un habitant de Miyago-Ken avait renoncé à sa foi, les orthodoxes saccagèrent un temple bouddhiste ». Les autres articles que le missionnaire français m'a traduit, ne font que répéter, en termes moins forts, les accusations du *Yamato* et du *Nihon*. Et c'est là tout ce qui fit parler, à Moscou, de menaces populaires.

* *

Non, véritablement, le peuple japonais n'a jamais imité la conduite des populaces européennes qui, pour prouver leur enthousiasme guerrier, commencent par faire des manifestations devant les maisons où habitent les ministres et consuls du pays ennemi. Dans d'autres pays, j'ai vu lapider des écussons et déchirer des drapeaux. En France, en Espagne, en Amérique, cela s'est produit. Par contre, à Tokio, le palais de la Légation russe est resté intact et personne ne s'est permis seulement de couper une des branches d'arbre qui s'échappent par les grilles de ses magnifiques jardins. Quelqu'un m'assure que cette courtoisie est un produit naturel du triomphe, et qu'en cas de défaite, les choses se fussent passées tout autrement. Je ne le crois pas. Les fils de ces preux chevaliers qui savaient, même battus, reconnaître les mérites de l'adversaire, et qui, au milieu des plus rudes combats, n'avaient sur les lèvres que des paroles de la plus exquise courtoisie, ne peuvent pas être capables de commettre des actes d'inutile barbarie. Parmi les règles du *bushido*, celles qui imposent le calme et l'urbanité, sont aussi nombreuses que celles qui exigent le sacrifice de la vie.

*
* *

Mais, pour en revenir à l'église orthodoxe, où trouver un exemple de tolérance meilleur que celui que donnèrent les prélats japonais au moment où la guerre éclata? L'évêque Nicolaï, délégué du Saint-Synode, craignait naturellement d'être expulsé. Les articles du *Yamato* et du *Nihon* avaient été commentés dans tout l'empire. Le ministre de France, chargé des intérêts russes, indiquait la nécessité de calmer les esprits, de quelque façon que ce fût. Alors quelques bonzes influents de Bouddha et de Amaterasu-Kami, serviteurs de ces dieux que le rituel moscovite appelle pervers, se réunirent et décidèrent l'évêque orthodoxe à ne pas quitter Tokio, à rester au milieu de son troupeau. « Nos fidèles — lui dirent-ils — vous respecteront et respecteront votre église. ». Le délégué du Saint-Synode leur répondit : « J'avais déjà promis à Dieu de ne pas m'éloigner de l'autel que je sers et de rester ici, non pas enfermé dans une Légation étrangère, comme on l'a prétendu à tort, mais à mon poste. Mes fidèles sont Japonais. Leur devoir, c'est de demander à Dieu qu'il protège leurs armes et de le remercier après chaque victoire. L'église orthodoxe ordonne cela à chacun dans sa respective patrie. Notre-Seigneur Jésus-Christ pleura pour Jérusalem, donnant ainsi une leçon de patriotisme. Nous devons suivre ses traces en tout. Voilà pourquoi je ne reviendrai pas officier dans ma cathédrale. Ce n'est pas que je craigne quoi que ce soit. C'est que si j'ai prié jusqu'à présent pour le triomphe du Japon contre ma propre patrie, mon devoir est de laisser le service du culte à mon coadjuteur japonais ». Ces paroles franches, nobles et valeureuses ne pouvaient qu'enthousiasmer le peuple chevaleresque par excellence. Dès que les journaux les eurent publiées, un grand courant de sympathie se dirigea vers Monseigneur Nicolaï. Le gouvernement lui-même, qui s'était jusqu'alors désintéressé du conflit, se fit spontanément le défenseur de l'évêque russe. Une circulaire du ministre de l'Intérieur ordonna à tous les fonctionnaires de protéger et de faire respecter les orthodoxes, dont le pasteur demeurerait toujours à Tokio et continuerait d'y être l'objet des mêmes considérations qu'avant la déclaration de guerre. « Bien que les relations diplomatiques soient rompues entre les deux pays — disait le Ministre — il est évident qu'aucun sentiment de haine ne doit nous animer contre la nation russe. C'est sur le terrain religieux, spécialement, qu'on ne doit jamais oublier le respect et la tolérance. »

Et voilà pourquoi, par ces après-midi claires, au retour de la traditionnelle promenade au Parc Ouyeno, la noblesse du pays contemple avec respect les hautes coupoles qui dominent sa cité...

LES TROIS APOTRES DE L'AME MODERNE

Aux heures d'espérances et de rêves, les Japonais songèrent à employer les millions que la Russie leur verserait à titre d'indemnité de guerre, en des œuvres de glorification nationale. Chaque groupe avait son idée. D'aucuns voulaient la tour la plus haute du monde; d'autres, le palais le plus somptueux qu'il eût été donné aux siècles de contempler. Mais chaque projet avait plusieurs contre-projets. Le seul qui arriva à réunir les suffrages unanimes du peuple, ce fut celui d'élever un monument superbe à la gloire des trois maîtres de la pensée nippone: Mabuchi, Motoori et Hirata. Cette idée s'est si profondément enracinée dans l'esprit du peuple, qu'aujourd'hui encore, sans millions superflus et l'on peut même dire sans le strict nécessaire, il est question de la réaliser. Ce monument ne sera plus — c'est évident — une merveille de porphyres et de bronzes qui laisse le monde rempli d'admiration. Peu importe ! Ce n'en sera pas moins quelque chose de sacré et d'éternel en sa simplicité puisque le pays tout entier saura l'entourer de mystique respect. Ce sera un sanctuaire. Les trois écrivains qui, en luttant contre l'influence chinoise, préparèrent la renaissance populaire du Japon, le réveil de l'âme antique, sont de véritables saints du pays. L'admiration qu'on a pour eux est une religion. La gloire de leurs noms est unie à la gloire des dieux tutélaires.

*
* *

Né dans un temple sintoïste, à l'ombre des autels primitifs, Mabuchi éprouve, dès son enfance, une adoration fanatique, un amour exclusif pour la foi de l'ancien Yamato. Les divinités bouddhistes, venues de l'Inde et de la Chine, lui semblent des usurpatrices d'une sainteté qui n'appartient qu'aux Kamis. Et cette idée, qui servira plus tard à Hirata pour modifier l'âme du peuple, devient peu à peu, dans l'esprit de Mabuchi, le principe d'un nationalisme littéraire qui le porte à chasser les inspirateurs poétiques du Céleste-Empire pour revenir s'inspirer d'une façon exclusive, des anciens modèles japonais. « Avec lui — dit son disciple préféré — commence l'enthousiasme pour les études qui consistent à cultiver la langue et la pensée antiques sans aucun préjugé chinois ». Avant lui, en effet, l'étude de la poésie d'inspiration autochtone ne paraît qu'un complément à l'étude des Lettres du grand empire voisin. Les Kangakusa étaient les tyrans intellectuels dès le commencement du XV° siècle. Dans les palais des seigneurs féodaux, on voyait de véritables maîtres des cérémonies chargés de régler tout ce qui est affaire de goût et d'élégance, suivant les prescriptions des plus savants mandarins. Les écrivains dédaignaient la langue populaire du *Maniociu* et employaient celle de Confucius. Les philosophes imitaient et glossaient les livres de la philosophie Sung. Dans les cas graves, on consultait les traités de Chu-Hi sur le Grand Absolu. Les théories de Uang Yangming avaient une infinité de commentateurs. Tout était chinois, tout était savant, tout était pédant, tout était artificiel. En peinture, aussi bien qu'en philosophie, on subissait l'influence étrangère. « Les artistes de style chinois — dit Motoori — ne savent pas composer leurs œuvres, et mettent des chemins et des ponts, des arbres et des roches, dans les plus extravagantes situations. Là, où il faudrait quelque chose de fini, ils se contentent d'une ébauche; et quand une ébauche serait suffisante, ils se perdent dans les détails. Leurs arbres tordus, leurs roches fantastiques, leurs vaisseaux renversés, tout devrait blesser le sens esthétique japonais ». Ce qui est chinois est presque l'opposé de ce qui est nippon. Mais là-bas, comme dans le reste du monde, la mode est plus puissante que le goût. Pour chasser l'« esprit céleste », il faut une formidable croisade. Le chef de cette croisade, le grand Mabuchi, a une âme d'apôtre, un caractère de conducteur de troupeaux humains, un cerveau de fondateur de doctrines. « Jusque dans son aspect physique — dit un de ses disciples — il diffère des autres mortels. Il a un air pitoyable; mais quand l'âme de Yamato s'allume dans son être, son éloquence est divine. Rien de ce qui est moderne, rien de ce qui est chinois ne l'intéresse. Sa maison est disposée comme celles de l'ancien temps; son écriture est pareille à celle de certains manuscrits millénaires. Son esprit semble l'incarnation de l'esprit national d'autrefois ». En effet, Mabuchi, comme tous les grands réformateurs, sait se faire le Verbe de son idée. Son exemple est aussi éloquent que sa parole. En le voyant vivre à la manière antique, ses compatriotes commencent à dédaigner les façons nouvelles. Et de cette réaction naît le pays qui, aujourd'hui nous étonne par son intelligence ouverte à tous les progrès, à toutes les aventures ; par son large esprit duquel participent au même degré toutes les classes sociales, et qui est un modèle de démocratie intellectuelle. « Les hommes de notre époque — dit l'auteur du *Kusuana* — s'imaginent que la langue actuelle, claire et correcte, se doit à leurs efforts, alors qu'en réalité, elle se doit à Mabuchi. Grâce à ce maître nous avons retrouvé notre langue, et il nous est possible de communier avec les poètes d'autrefois ». Le premier qui profite largement des leçons de Mabuchi, c'est Motoori, le plus profond génie japonais.

*
* *

Motoori brille pendant la seconde moitié du XVIII° siècle. D'origine noble, il devrait se vouer, comme tous ses aïeux, à la religion du sabre. Mais il est plus altéré de savoir que de gloire, et malgré tous les conseils, il se consacre, très jeune encore, à l'étude de la médecine. C'est vers cette époque, précisément, que, mettant en doute les théories chinoises sur les corps humains, les jeunes Japonais commencent à s'occuper de véritable anatomie. Chaque livre européen est pour eux une surprise. Un étudiant, Riotaku, va à Nagasaki et en rapporte à Yeddo un livre hollandais. « C'est un traité de science médicale européenne — s'exclame-t-il. — Il nous faut l'étudier. L'interprète de la factorerie des Pays-Bas nous aidera ». L'interprète lui répond : « Il est inutile que vous essayiez d'apprendre cette langue. Je suis d'une famille de traducteurs, et j'ai besoin de recourir aux signes et aux gestes pour m'entendre avec ces étrangers ». Le jeune étudiant ne perd pas tout espoir. Porteur de son livre, il part pour Yeddo et réunit tous ses amis pour l'étudier. Les gravures leur montrent que l'intérieur du corps n'est pas tel que les mandarins le décrivent. Sur-le-champ une campagne secrète commence en faveur de la réforme de l'enseignement. Le Shogun finit pas permettre que les *etas*, les gitanos japonais, dissèquent le corps d'un plébéien Les médecins assistent à l'opération, le livre hollandais entre les mains, et finissent par se convaincre que les Chinois sont des imposteurs et les Européens de vrais savants. De ce moment date l'introduction de la culture occidentale dans l'empire, autrefois soumis à la prétendue sagesse des Célestes. Sagita publie un *Traité d'Anatomie*, et traduit Linné. Le grand Motoori profite de ce mouvement pour démontrer l'inexactitude de toute la science chinoise. Mais son tempérament d'artiste, de philosophe, ne lui permet pas de se consacrer exclusivement à la médecine. Après avoir exercé sa carrière pendant quelques années, à Matsusaka, il se retire dans le palais de son protecteur, le Daïmio de Kiciu, et c'est là qu'il commence à écrire les nombreux traités qui devaient rendre son nom immortel. Toutes les matières lui sont familières et il les étudie toutes au même point de vue national. Son *Kama Kucighé* est un cours de politique pratique, consacré aux gouvernants de son époque. La plus profonde bonté et une valeur indiscutable se font jour à chacune de ces pages, qui sont sans pitié pour les mauvaises coutumes, même pour les mieux établies, et dans lesquelles l'âme du peuple, de la plèbe opprimée, trouve un hymne véritable. Son style, d'une pureté jusqu'alors inconnue, établi des modèles définitifs. Dans la fiction et dans l'analyse, il est le maître des maîtres futurs. « La plus grande gloire de Motoori — dit Aston, — ce fut de créer une langue nationale littéraire. Sa facture est fille de la facture de Mabuchi ; mais tandis que ce dernier se contentait d'employer le langage populaire tel qu'il existait dans les livres anciens, son continuateur affina ce langage, le polit, le rendit plus souple et plus subtil. Sa prolixité même est une preuve de pureté, car lorsqu'il a recours à de longues circonlocutions, c'est pour éviter les clichés chinois en usage. » Celui qui parle ainsi est un philologue capable d'apprécier la pureté littéraire des auteurs nippons. Nous autres, nous devons nous contenter de la beauté traduisible. Celle des livres de Motoori l'est complètement. En n'importe quel idiome, les phrases de cet auteur conservent un relief précis et une haute éloquence. Les Européens qui étudient aujourd'hui les œuvres de Motoori, critiquent seulement l'ardente ingénuité des croyances religieuses. « Il est singulier — disent-ils — qu'un homme d'aussi vaste intelligence et d'aussi solide instruction, ait pu accepter, comme articles de foi indiscutables, les fables de l'église sintoïste ». Et, en effet, cela serait peu compréhensible, si cela s'était produit à notre époque. Mais Motoori vit à un moment où il est nécessaire d'adorer les dieux nationaux pour détrôner les dieux étrangers. Son âme véritable n'a rien de crédule. Quand il parle de la foi chinoise, il sait se montrer ironique et mordant, et s'il est tout autre quand il parle des Kamis, c'est parce que son instinct l'avertit que l'indépendance intellectuelle de son pays est intimement liée à la victoire de la religion nationale sur les religions étrangères. Et cela est si certain, que peu de temps après, Hirata, le véritable fondateur du nouveau Japon, se consacre, presque exclusivement, à faire revivre les saints du Yamato antique.

*
* *

Hirata, en effet, est un théologien plutôt qu'un littérateur, plutôt qu'un poète et plutôt qu'un savant. Son style manque d'harmonie, et ses images ne présentent aucune nouveauté. Quant à sa science, semi-européenne et semi-asiatique, elle se réduit à des éléments de chimie et de médecine appris des commentateurs des premiers livres hollandais. Par contre, ses études sur la religion primitive ont une très grande importance.

Descendant d'un empereur des temps anciens, et par conséquent de la déesse Ama-Terasu-Kami, fondatrice de la dynastie, Hirata, dès le berceau, se sent imbu d'une respectueuse foi sintoïste. Ses parents l'éduquent avec soin, et lui font étudier les classiques chinois, ainsi que les nouvelles sciences occidentales. A dix-huit ans, désireux de vivre seul, il s'échappe de la maison paternelle, et arrive à Yeddo comme les étudiants bohèmes de Murger arrivent à Paris : plein d'appétit et d'espérance. Pour vivre, il est obligé d'exercer toutes sortes de métiers ; mais au milieu de ses peines matérielles, il conserve toujours l'héroïsme de se priver de tout pour pouvoir acheter des livres. Les traités de Motoori décident sa vocation. Pouvant baser sur l'enseignement d'un si grand maître son instinctive religiosité, il se consacre corps et âme à la défense des rites traditionnels et à la lutte contre les théogonies étrangères. L'esprit bouddhique lui semble toujours contraire au caractère du pays. Cependant, il ne dédaigne pas, des théories étrangères, les principes moraux et l'amour des ancêtres. « La dévotion des morts — dit-il — est une source de vertus : celui qui respecte les esprits, respectera aussi les dieux et sera fidèle à son prince. Car, en réalité, l'essence même de la foi, c'est la piété filiale. » Au Japon, la paternité a, théologiquement, un sens très large. Le père de tous, c'est l'empereur qui incarne les dieux, qui les représente et les rend visibles. « Le Mikado — déclare Motoori — régnera sur les corps et sur les âmes, tant qu'il y aura un soleil. — Autrefois, on l'appelait Dieu, et tel est, en effet, son caractère. Toute la morale tient en ceci : obéir à l'empereur sans discuter. Et malheur à celui qui se met entre son peuple et lui ! » Le principe de la terre, suivant le sintoïsme, est en l'Empereur. — Avant lui, il n'y a que le ciel, la vie céleste, et les miracles éthérés. Izanagi et Izanami, créateurs du monde, prennent, par ordre des divinités, la lance auguste et piquent la masse du chaos. Les premières gouttes de substance forment les îles nippones. Un dieu et une déesse descendent sur cette terre et engendrent une phalange divine de dieux pratiques, maîtres du vent, de la lumière, de la chaleur, de la mer, des aliments, de la richesse, de la force. Le dernier descendant est une femme, Ama-Terasu, à laquelle Izanagi et Izanami remettent le domaine du soleil. Le fils de cette déesse, c'est le premier empereur de la dynastie éternelle, dynastie qui commence à Simu-teno et qui doit arriver, forte et puissante, jusqu'à la fin des temps. Un tel principe, proclamé au moment où les Mikados ne sont plus que des fantômes d'autorité, prisonniers des Shogun militaires, doit provoquer les colères des Tokugawa. Le vieil Hirata se voit reléguer dans une île lointaine. Sans plaintes et sans protestations, il abandonne son cher foyer de Kioto. « J'emporte mes dieux ! » dit-il. Et en effet, les idées d'ancienne adoration impériale et de nationalisme commencent à se répandre dans tout le pays. Les ombres de la Chine qui, par leurs gestes pédants et leur savoir caduc, tyrannisaient l'esprit clair du peuple de Yamato, s'évanouissent complètement. Dans le palais même des Shogun, les courtisans militaires sentent renaître dans leurs âmes la fleur de la loyauté impériale. De toutes parts, les regards se dirigent vers la ville sainte où le Mikado, fils de Ama-Terasu-Kami vit, presque enterré, parmi des soies fanées et des révérences caduques. La voix des aïeux emplit l'espace. « Obéissons à nos morts ! — s'écrie

Hirata, répétant les paroles de Mabuchi, de Motoori. Et de tous les autels de famille monte l'hymne nouveau des voix ancestrales qui se confondent en Asie avec les voix divines. Quand Hirata périt, en 1843, la révolution est déjà prête. Le peuple veut recouvrer son esprit traditionnel et restaurer le prestige de sa monarchie sainte. Le dernier Tokugawa sent son trône usurpé s'écrouler sous lui, et il veut le conserver par les armes. Mais le dieu de la guerre lui-même, le dieu sinto qui soutint autrefois les premiers fils de Jimmu et de Suisei, protège l'empereur. Le shogunat disparaît et le Japon de l'avenir surgit enfin, tel que l'avaient rêvé les trois grands écrivains : avide de savoir et, en même temps, désireux de ne pas modifier son caractère ; résolu à adopter les sciences, tout en maintenant intactes les consciences ; disposé à toutes les réformes, mais en conservant le trésor sacré de *yamato damashi*, de l'âme yamate qui est, suivant la strophe de Motoori, pareille à la fleur du cerisier de la montagne qui exhale son parfum sous le glorieux soleil du matin.

PAROLES APRÈS LA GUERRE

Tokio est consterné. La paix, à laquelle personne ne croyait et que personne ne désirait sincèrement; la paix, dont les journaux parlaient sans enthousiasme; la paix, qui faisait sourire énigmatiquement les hommes politiques; la paix, invraisemblable, est un fait. Le peuple n'y veut pas croire. Et c'est qu'en réalité, il semble impossible que ces mêmes ministres orgueilleux qui animèrent pendant plus d'un an les partisans de l'intransigeance, aient fini par accepter des conditions presque dictées par le vaincu. « Nous obtenons le plus important de ce que nous voulions : la Corée ! » disent les optimistes. Mais la majorité se rappelle qu'on lui avait promis, en plus de la Corée, une partie de la Chine, une partie de la Sibérie, et même quelques concessions en pleine Russie.

Dans le *Taiyo*, un écrivain populaire, Oïshi Masami, écrivait il y a quelques mois : « Il faut que la paix soit signée à Saint-Pétersbourg : la nation l'exige. » Et un autre journaliste illustre, le professeur Kokubu-Tenonori, disait vers la même époque, en un article du *Nihonjin* : « La première clause du traité de paix doit exiger de la Russie qu'elle change son régime politique et qu'elle adopte le système constitutionnel. » Cela semblait au peuple tout naturel. Le vainqueur n'a-t-il pas sur le vaincu droit de vie et de mort ? Le guerrier qui terrasse son adversaire n'a-t-il pas le pouvoir de le réduire à l'esclavage ? Les anciennes légendes ne montrent-elles pas le parti victorieux exterminant l'autre et s'emparant de ses richesses ? Quand les Taïra sont battus par les Manimoto, les hommes ne sont-ils pas passés au fil de l'épée et les femmes vendues comme esclaves ?

La pitié n'est pas, dans l'Extrême-Orient, une vertu guerrière. Malheur aux vaincus! Dès la veille d'une bataille, chaque armée se prépare aux pires souffrances et à tous les supplices. Les temps sont changés, sans doute, mais dans le fond des âmes, quelque chose du feu primitif brûle toujours. Aussi, fallait-il voir comme on parlait, hier encore, des conditions de la paix. Les hommes les plus illustres disposaient de la volonté russe comme d'une chose inerte. Une association, composée de sept professeurs de l'Université de Tokio, lança, dès le commencement du mouvement pacifiste, un manifeste qui disait: « Pas d'armistices. — Indemnité de guerre : huit milliards de francs. — Territoires que nous devons exiger : l'île Sakhaline, le Kamtchatka, toute la province maritime de la Sibérie. — De plus cession des droits russes dans le Liao-Toung et sur les chemins de fer de l'Est-chinois. — Règlement direct avec la Chine de tout ce qui est relatif à la Mandchourie. — Remise de tous les navires réfugiés dans des ports neutres. — Interdiction à la Russie d'entretenir une escadre dans le Pacifique, et de traiter quoi que ce soit avec la Chine, sans le consentement préalable du Japon. » Et cela, qui semble monstrueux à des Européens, était considéré ici comme des exigences justes et presque modestes. Les journalistes de tous les partis, réunis en assemblée générale pour discuter le « programme des sept docteurs », ne se contentèrent pas d'approuver à l'unanimité ce programme ; ils décidèrent d'y ajouter encore un nouvel article, garantissant au Japon le droit de navigation et de pêche dans le fleuve Amour.

« Si l'on n'accepte pas — concluaient-ils — il

n'y aura qu'à continuer la guerre ». Et en réalité, tous les Japonais, depuis le premier jusqu'au dernier, envisageaient avec une intime satisfaction la perspective de la poursuite des hostilités. La paix rémunératrice, la paix accordant de nouveaux territoires, la paix imposée par eux, leur semblait acceptable ; la guerre leur semblait préférable. Ce peuple héroïque et chevaleresque, orgueilleux jusqu'à l'invraisemblance et aventurier par tradition, trouve dans la lutte sa suprême volupté. Ceux qui disent que le Japon fera, comme la Prusse, de la guerre une industrie, se trompent. Ici, la guerre est un *sport*, un plaisir désintéressé, un besoin national. Toute l'histoire de l'archipel est une série ininterrompue de sanglantes prouesses.

Le comte Okuma lui-même, chef du parti progressiste et homme modéré s'il en est, déclara dans une interview publiée par le *Nihon* : « Il est inutile, pour l'instant de parler de paix. » Et un écrivain populaire commentant ces paroles dans le *Nihonjin*, s'exprimait ainsi : « Après avoir dépensé cent vingt-millions de *yen*, il nous reste encore des ressources suffisantes pour soutenir pendant longtemps la campagne. Il y a deux ans à peine que la guerre a commencé, et dans les circonstances actuelles l'armée de terre, remplie d'une noble émulation devant la conduite sublime des héros de la mer, se prépare à donner le spectacle d'une victoire éclatante et qui fera oublier toutes les victoires antérieures. D'autre part, qui ne voit que l'heure de la paix n'a pas encore sonné ? Des trois provinces de l'est mandchou, les Russes n'ont perdu que le Ching-King et une partie du Kirin ; il leur reste encore l'Amour.

« Il n'est tombé dans Vladivostok aucun obus japonais. La paix ne pourrait donc être très favorable pour nous, et le gouvernement donnerait des preuves de faible intelligence, en s'inclinant devant la volonté du président Roosevelt. » Ces paroles, qui ne sont pas l'expression des idées d'un seul homme ou d'un seul parti, mais du pays tout entier, faisaient croire à ceux qui, dans le Japon actuel, considèrent sérieusement le parlementarisme, que la paix, si elle venait à être signée, ne pourrait l'être que dans des conditions fort avantageuses. Le gouvernement, élu du peuple, semblait obligé à défendre les idées du peuple. Et voilà que le câble nous apporte aujourd'hui la nouvelle d'un traité de paix sans millions, sans territoires nouveaux, sans humiliantes promesses du vaincu, sans navires neutralisés, sans pouvoirs absolus en Chine ! Amaterasu elle-même, déesse du soleil et patronne des guerriers du Yamato, semble peu satisfaite.

Ce qui est le plus incompréhensible de toutes les actuelles manifestations de la rue, c'est la cause. « Nous protestons contre la paix sans indemnité de guerre ! » Et de telles paroles semblent déplacées dans la bouche d'un samuraï. La première vertu des guerriers du Yamato, avait toujours été le désintéressement, l'honneur chevaleresque, le mépris des biens matériels. La vie, pour eux, se donne comme une fleur; elle ne se vend pas. L'or tout puissant perd, quand il arrive aux ponts du *siro*, sa force irrésistible. « Laisse ici tout orgueil ! » dit le vers d'un Dante jaune qui faisait pénétrer un potentat dans sa tour. Un autre poète, ami de Kyuso, a dit : « Ne dites jamais d'un homme qu'il est économe. Économiser l'argent, c'est économiser la vie. L'économie est une forme de la lâcheté! » Il est vrai que les samuraïs, en parlant des millions qu'ils pensaient recevoir une fois la paix signée, n'ont pas formé de plan d'économies. Lors d'une enquête célèbre, de doctes professeurs et de vaillants capitaines, rêvant des rêves d'opulence, proposèrent que l'on fît construire des palais d'or et des ponts d'argent avec les roubles russes. Cela seul suffit à prouver que la dégénération n'est pas encore initiée. Mais pour un homme d'idées anciennes, pour un *minamoto* héroïque, la seule pensée de faire de la paix un négoce, est un crime.

« Heureux et superbes les samuraïs d'autrefois qui ignoraient jusqu'au mot commerce, dit Kyuso. J'ai connu une époque où un enfant n'eût pas osé parler du prix d'un objet quelconque. Un de mes amis, un jour, attira, devant moi, son fils et lui dit : Tâche de ne savoir jamais ce qu'est l'intérêt. Si tu passes quelquefois un contrat commercial, laisse-toi voler ; car au jeu du commerce, au contraire de ce qui se passe pour les autres jeux, celui qui gagne, perd : il perd son honneur et l'estime de sa conscience ! »

Dans la paix actuelle, donc, un véritable samuraï ne devrait voir qu'un triomphe glorieux. C'est une paix magnanime : une paix sans précédents terminant une guerre également sans précédents.

Le vaincu semble imposer sa volonté au vainqueur. Les conditions de celui qui gît sur le sol, sans bouclier, sans lance et la poitrine trouée, le triomphateur les accepte. Et peut-être, de toutes les leçons de douceur, de généreuse élégance, de beau donquichottisme que les jaunes ont donné aux blancs pendant la campagne dernière, celle-là est-elle la plus admirable.

Malheureusement, les partis politiques s'obstinent à vouloir atténuer la noblesse du geste, en obligeant le peuple à agir suivant la manière européenne, la manière yankee, la manière du moderne commerçant du sang qui sait d'avance le prix que les vivants doivent demander de leurs morts.

La seule excuse à la colère intéressée des samuraïs, c'est l'idée que tout le monde avait ici, depuis deux ans, qu'une indemnité doit toujours être dépensée d'une façon somptueuse. Dernièrement encore, un journal qui n'avait pas perdu toute espérance d'une nouvelle reprise de la guerre, demandait :

— A quoi dépenserions-nous les roubles du Tsar ?

— Puisque vous ne savez pas à quoi dépenser votre or futur, servez-vous-en pour faire paver les rues de Tokio, pour y faire établir des trottoirs et pour créer l'éclairage public... — dit un Européen.

Le conseil était sage ; mais les Nippons n'en ont voulu voir que ce qu'il avait d'humiliant, et ils ont cherché d'autres débouchés à leurs roubles imaginaires. L'essentiel, c'est de faire grand, très grand... Quoi ?... Peu importe, pourvu que le monde soit étonné. Quelque chose dont on parlera encore dans plusieurs siècles... oui, j'entends ; mais quoi encore ?

Là est la difficulté.

Les Parisiens aussi, dans le cours de l'année qui

précéda l'ouverture de l'Exposition de 1900, eurent un moment d'orgueilleuse inquiétude, pendant lequel ils se demandèrent comment il serait possible de donner à la nouvelle foire un clou digne du xxe siècle ; et ils pensèrent à cela tellement, qu'ils ne trouvèrent rien, et que le clou fut, à la fin, le théâtricule où Sadda Yacco agonisait chaque nuit, parmi les samuraïs blessés, au milieu des cris d'épouvante des mousmés délicieuses. Et probablement, il arriverait de même au Japon, s'il disposait un jour de millions inutiles, car parmi beaucoup de projets présentés, pas un seul n'a eu le don d'éveiller l'enthousiasme populaire.

Le professeur Tomiso Kwanjin désirerait qu'on organisât une exposition internationale pour faire connaître aux étrangers les progrès réalisés par le Japon. Cette exposition, suivant ses plans, commencerait aux portes de Tokio et arriverait, par une avenue de palais, jusqu'aux portes de Yokohama, c'est-à-dire qu'elle aurait vingt-huit kilomètre de longueur. « Puis, dit Kwanjin, en terminant, nous verrions s'il faudrait détruire ou conserver ces palais. » Oh ! admirable orgueil !

Mais les Japonais, une fois sur la voie des rêves de grandeur, ne s'arrêtent pas facilement. Le juriste Nakamura-Shingo propose qu'il soit loué, avec les millions russes, au centre de l'Europe, un terrain très vaste sur lequel on élèverait une véritable cité japonaise, pour montrer au mond[e] « ce qu'est cette race privilégiée », et pou[r] « commencer à exercer quelque influence [en] Occident ».

Un agronome, le professeur Shiga Juko, pens[e] qu'il serait nécessaire, avant tout, « d'embellir l[a] ville de Tokio ». Très bien ! Mais n'est-ce p[as] cela même que conseillait l'Européen quand [il] parlait du pavage des rues, de trottoirs et [de] lampes électriques ? Non ! Le projet ne s'arrête p[as] à de si prosaïques détails. Ce qu'il faut pou[r] embellir Tokio, c'est une avenue de statues [de] marbre, en l'honneur des grands hommes [de] « notre époque. »

De notre époque ?

Oh ! surprise ! Déjà dans quelques jardins, l[es] figures extravagantes de personnages de bronz[e] en redingote et en chapeau haut-de-forme, fo[nt] sourire les Japonais et les Étrangers. La seu[le] statue agréable est celle qui, dans l'enceinte de [la] ville impériale, représente un guerrier ancien [à] cheval. Mais l'agronome Juko a dit de « notre ép[o]que » et non pas des époques lointaines. — Oh [!] surprise ! Oh ! terreur !...

L'idée de Nemoto-Sho est plus pratique. S[on] désir est que l'on construise un pont entre Ba[ka]van et Moji.

— L'œuvre, dit-il, sera aussi grandiose q[ue]

celle de New-York et Brooklyn, et ne coûtera que dix millions de *yen*.

Cela paraît à tout le monde très acceptable. Mais après que l'on aura dépensé cette « petite somme de vingt-cinq millions de francs », il restera encore plusieurs centaines de millions de roubles.

— Elevons un arc de triomphe plus grandiose que celui de Paris, écrit le comte Itagaki, ex-chef du parti libéral.

— Edifions un palais du peuple, et décorons-le de fresques relatives à la guerre, dit le médecin baron Ishiguro.

— Organisons un musée superbe dans lequel seront conservés les trophées provenant de la campagne actuelle, de celle de Chine et de celle de Satsuma, conseille le vicomte Ogasa-Wara-Chosei.

— Ce dont le peuple a besoin et ce que nous devons faire, dit le chef de la secte unitaire Saji Jitsumen, c'est une salle de conférences populaires.

— Et un palais de l'enfance, ajoute le directeur de la Revue *Shonen Sekai*, M. Sasasami.

— Et une histoire de nos guerres nationales, termine le député Tokuso, histoire qui serait imprimée en livraisons gratuites, pour que tout Japonais pût la posséder.

Mais le peuple qui approuvait les idées de l'histoire et du pont, des palais et des conférences, des statues et de l'arc-de-triomphe, trouvait cependant qu'il n'y a pas là à dépenser les dix ou douze milliards de francs que le Gouvernement devait demander... et que la Russie ne leur a pas donné.

— Cherchons autre chose ! pensait tout le monde.

Et ainsi la bonne ville de Tokio — le Tokio qui se nourrit d'un peu de riz, qui couche sur le sol et qui vit presque nu — passait ses heures de loisir à chercher comment on peut dépenser somptueusement des sommes fabuleuses.

Sa désillusion est grande !

*
* *

Mais n'allez pas croire que la désillusion diminue l'orgueil. Avec ou sans millions, les samouraïs sont toujours superbes. Non seulement ils n'envient pas l'Europe, mais encore ils la méprisent. Je vous l'assure : ils la méprisent. Et si vous en doutez, lisez, je vous prie, une brochure qui vient de paraître sous ce titre : « *A propos des voyages d'études à l'étranger.* »

L'auteur, Nagao, connaît à fond toutes les écoles de hautes études d'Europe et d'Amérique. En Allemagne, en France, en Angleterre et aux

États-Unis, il a suivi, avec la persévérance de sa race, des cours analogues à ceux qu'il avait déjà suivis dans son pays. Ainsi ses observations, que les universitaires nippons considèrent comme les évangiles de l'instruction publique supérieure, sont réellement intéressantes pour ceux qui désirent connaître l'opinion que le Japon intellectuel a de lui-même et des autres.

« Nous ne sommes plus à l'époque où un voyage d'études avait pour principal objectif l'acquisition de connaissances scientifiques. Aujourd'hui, le Japon offre, pour l'étude des sciences générales et des sciences spéciales, des centres qui n'ont rien à envier à ceux du reste du monde. A part certaines spécialités que quelques savants européens cultivent d'une façon exclusive, il n'est pas une branche des connaissances humaines que nous ne puissions étudier dans notre pays. Et à vrai dire, l'enseignement dans nos écoles officielles ou privées, a atteint un niveau supérieur à celui de l'enseignement dans la plupart des écoles européennes. J'ai souvent assisté, à l'Université de Berlin, à des conférences sur les sciences morales psychologiques, et je n'ai pas pu moins que m'étonner prodigieusement de leçons aussi superficielles. Cette impression n'est pas de moi seulement. C'est aussi celle que rapportent tous ceux qui, ayant terminé au Japon leurs études, s'en vont en Europe pour les compléter. L'infériorité de l'Occident s'explique, après tout, par la coutume qu'on y a de n'enseigner que les principes scientifiques reconnus absolument exacts, et de laisser dans l'ombre, — et de n'en parler jamais aux novices, — les questions nouvelles que les savants étudient encore dans leurs cabinets. Chez nous, au comtraire, dès qu'une théorie apparaît, les professeurs s'empressent de l'expliquer à leurs élèves ». Ces paroles, en apparence plus orgueilleuses que justes, ne sont, au fond, que l'expression de la plus pure vérité. Pour tout ce qui est études scientifiques, les Japonais occupent, aujourd'hui, dans le monde, la première place. Ce que l'Européen imagine ou rêve, eux le réalisent. Avec une hardiesse admirable, ils appliquent les méthodes les plus modernes ; et si la vieille et timide science occidentale voulait se donner la peine de contempler ce que de ses découvertes fait ce peuple jeune, elle se sentirait parfois aussi perplexe que le philosophe du *Disciple*. Il y a, en effet, des systèmes qui, en France, en Allemagne, en Angleterre, ne sortent pas du cabinet d'études ; les Japonais s'en emparent et les portent à l'école, c'est-à-dire à la masse du peuple. Les résultats de cette hardisse ne se feront sentir que dans quelque temps ; mais d'ores et déjà, on peut remarquer qu'il n'y a pas, dans Tokio, un seul professeur qui soit mécontent de ce que les professeurs font tous ensemble. Ainsi donc, suivant l'opinion générale qu'Ariga Nagao exprime dans sa brochure, les seuls étudiants qui doivent encore aller en Europe, sont ceux qui, déjà formés, peuvent acquérir une culture cosmopolite et apprendre diverses langues, sans perdre leur caractère national qui est le meilleur.

« Les jeunes gens chez lesquels le Japonais n'est pas encore complètement développé, dit-il, se laissent facilement enivrer par l'atmosphère brillante de l'étranger ; quand ils reviennent, plus tard dans leur patrie, ils continuent de penser à l'Europe, et cela les rend incapables d'aucun effort pratique dans notre milieu. »

Pour éviter le déracinement intellectuel, il est indispensable, au dire de l'auteur, de ne pas séjourner longtemps dans une même ville étrangère. Paris surtout lui semble, à ce point de vue, un endroit très dangereux. Ceux qui vivent longtemps dans le quartier latin, finissent par devenir Parisiens, sans le vouloir. Le docteur Nagao a vu des légions de ses compatriotes, revenus au Japon, regretter le boulevard Saint-Michel, les cafés de la rue des Ecoles et les allées du Luxembourg. Il faut donc ne pas s'attarder dans Paris.

« Et pourtant, reconnaît-il, la France nous donne de précieuses leçons. Aucun pays ne l'égale pour l'instinct raffiné avec lequel elle apprécie en tout la beauté de l'idée et la clarté logique. »

En Allemagne, Nakao admire la « profondeur de la science » ; mais il ne peut pas s'empêcher de signaler quelque défaut d'éducation de caractère, « chez ses êtres minutieux, d'une *importunité* fatigante, et de tendances trop intéressées ». L'Angleterre lui semble, au contraire, le pays idéal pour la formation du caractère, « ce caractère *gentlemen* qui s'efforce de rester toujours impartial et de n'abandonner jamais le sentiment de la *respectabilité* ». Mais comme rien n'est parfait en ce monde, la science anglaise selon lui, est très médiocre et l'enseignement anglais, fort incomplet. Des Etats-Unis, où vont tant d'asiatiques, il dit presque la même chose : beau caractère, science inférieure. En résumé, le savant Japonais paraît croire qu'en dehors des langues, la seule chose que ses compatriotes apprennent à l'étranger, c'est l'amour et l'admiration de leur propre patrie. « De loin, c'est où l'on voit le mieux que notre pays n'a rien à envier des autres ! »

*
* *

De telles publications, au moment actuel, ne contribuent pas à calmer les esprits. Tous sont exaltés, tous croient qu'il vaudrait mieux déclarer de nouveau la guerre. Et les pauvres diplomates qui essaient d'apaiser les esprits, sont vraiment bien à plaindre.

Déjà, il y a quelques mois, le comte Okuma, *leader* du parti progressiste, prononça une série de discours pour mettre ses électeurs en garde contre les agissements de la diplomatie. « Plus je réfléchis, disait-il, mieux je vois que, dans la guerre actuelle, la diplomatie est un facteur aussi important que l'armée; en même temps, je vois avec peine que notre adversaire nous est, sur ce point, de beaucoup supérieur. »

En effet, tout le monde a remarqué, non sans quelque étonnement, que malgré les défaites, la Russie a toujours conservé sur la cour de Pékin une influence prépondérante. D'où provient cette anomalie ? Pendant de longs mois, les journaux n'osèrent pas même formuler cette question, et restèrent sourds aux appels répétés du comte Okuma. Mais aujourd'hui que les manifestations dans la rue ont prouvé que le pays tout entier est mécontent, les journaux n'observent plus la même réserve et s'empressent de déclarer : « Notre diplomatie est la seule coupable ! » Pauvre Diplomatie !... Elle est une chose qui existe à peine, et les peuples lui attribuent, pourtant, un pouvoir immense. A chaque instant, on entend dire que « la diplomatie anglaise a remporté un triomphe en

Chine », ou que « la diplomatie allemande a vaincu en Afrique ». Par contre, vous n'entendrez jamais parler de la diplomatie portugaise ou belge. Et c'est que, comme l'avouait cyniquement Bismark, en montrant ses canons, il n'y a pas d'envoyés plus extraordinaires que les obus. L'homme politique qui a signé à Porsmouth la paix dont on se montre, ici, consterné, n'est ni plus ni moins responsable que la plume qui lui a servi à écrire son nom. Le seul qui pouvait faire et défaire, et qui a, effectivement, fait et défait, c'était et c'est encore le Mikado. Mais contre lui, personne n'élève la voix. N'est-il pas le fils des dieux? Le peuple doit mourir pour lui, et se taire. Les chants guerriers ne le répètent-ils pas?

> Kusu naranu
> Mimo ureshikere
> O-gimi-ni
> Saragote hatsuru
> Riolunko ko.

Ce qui signifie : « Nous sommes les êtres humains dont la vie n'a pas d'importance, et notre plus grand bonheur est de mourir pour notre souverain ! » C'est l'hymne national. Pauvres et riches, veillards et enfants, tous le chantent pleins de sincérité. L'empereur peut ruiner les peuples, incendier les villes, passer ses sujets au fil de l'épée, tout est bien, tout est sublime. Mais gare aux pauvres exécuteurs des ordres royaux ! Ainsi, le cas du comte Komura est très curieux. Son souverain lui donna l'ordre formel d'accepter les conditions russes. S'il n'eût pas obéi, il n'eût eu qu'à se suicider. Il a obéi. Et maintenant tout le pays lui dit qu'il n'a qu'à se suicider à l'antique, qu'à faire un solennel *harikiri*, s'il ne veut pas vivre dans le déshonneur. Vue sous ce jour, la carrière diplomatique est bien plus dangereuse que la carrière militaire. Les généraux japonais, au moins, ne se suicident qu'en cas de défaite dont ils sont responsables ; mais les ambassadeurs japonais semblent condamnés à se suicider, même pour avoir, seulement, exécuté les ordres de leur souverain.

LE SENTIMENT POÉTIQUE

Un éditeur de Yokohama se propose de publier en français les deux anthologies classiques de poètes japonais. S'il s'agissait de deux tomes, l'entreprise nous semblerait digne d'éloges. Mais quand on pense que le *Manyociu* a plus de cent volumes et que le *Kokinciu* est presque aussi important, on ne peut pas s'empêcher de considérer le projet éditorial comme une des plus extravagantes folies de notre siècle. Deux cents livres de vers ! Les trésors de la Muse européenne tiendraient moins de place...

Ce que quelqu'un devrait plutôt traduire et publier, c'est le prologue admirable et adorable que Ku-No-Tsurayaki écrivit vers le milieu du xe siècle, par ordre de son souverain, pour la première anthologie officielle. Ces pages, que les Japonais considèrent justement comme le plus pur joyau de leur langue, contiennent toute l'âme poétique de l'Ancien Yamato, et quelque chose aussi de l'âme éternelle du monde. « En écoutant chanter le rossignol parmi les fleurs et coasser les grenouilles sur le bord des mares, nous nous pénétrons de cette vérité, qu'il n'y a, parmi les êtres vivants, aucun être qui ne chante à ses heures. » Cette phrase résume les enseignements du vieux bon maître jaune. Tout chante, tout aime, tout palpite. L'art, c'est la vie. Entre le rugissement du fauve qui souffre et le gazouillement de l'oiseau qui jouit, il n'y a, au point de vue de la Nature, aucune différence. La théorie de Taine, suivant laquelle le vice et la vertu sont deux produits naturels, tels le vitriol et le sucre, est en germe comme canon littéraire, dans le célèbre prologue. Pourvu que le cri sorte d'une poitrine sincère, peu importe qu'il soit beau ou horrible. L'essentiel, c'est d'exprimer un sentiment, une passion, une vérité. La poésie ennoblit tout. « La poésie — dit-il — commença aussitôt que la Vie fut créée, pour animer le ciel et la terre Les premiers vers furent tracés dans l'azur qui donne les étoiles, par Siteteru-hime, et sur la terre, productrices de métaux, par Susa-no-vo. Dans ces premiers divins moments, la poésie était peu artistique, mais cela importe peu puisqu'elle exprimait fortement l'amour des fleurs, des oiseaux, des eaux claires ; l'émotion parmi les brumes ; la tristesse de la souffrance ; la gloire de l'amour. » La seule grande vertu poétique, en somme, d'après ce rhétoricien de l'an 1000, c'est l'émotion, la sincère et forte émotion. Les artifices lui paraissent méprisables. A ceux qui vivent au milieu des plaisirs, il dit : « Le royaume de l'art ne vous appartient pas ! » Et il ajoute ensuite : « Dans le verger de ceux qui mènent une vie de valeur intense, la Poésie est un arbre qui a des racines profondes ; tandis que dans le jardin des frivoles, elle est à peine un arbrisseau. » Mais au milieu de toute cette ardeur, un moment arrive où le grammairien d'Orient, subtil et méticuleux, reparaît. C'est quand il s'agit de la facture même des poèmes. « Dès le premier jour où les dieux et les hommes écrivirent — s'écria-t-il — les poèmes furent de trente-et-une syllabes. » Ces lignes, dont l'aspect scolaire choque parmi tant de vigoureux conseils de vie, d'énergie, de gravité, sont la marque distinctive de la race et de l'espèce. Ki-No-Tsuraï était un apôtre. C'était un poète. C'était un homme. Mais, en même temps, c'était un Japonais et c'était un érudit.

※
※ ※

Comme tous les pays de l'Extrême-Orient, le Japon a une rhétorique inviolable et compliquée. Ses figures poétiques et ses règles grammaticales sont invulnérables. Mais ce qui constitue la base même de la préceptive nippone, c'est l'emploi des paroles qu'Aston et Chamberlain appellent : *oreillers et pivots*. Les *oreillers* sont, en même temps, des clichés et des chevilles. Les poètes s'en servent pour garnir, pour orner la phrase, pour lui donner de la distinction et pour dissimuler la grossièreté de certains noms. Les plus aristocratiques aèdes de plus d'une époque, se sont servis des *oreillers*, comme les symbolistes français, des images. Un critique versé dans la langue du Yamato pourrait, en effet, faire un glossaire analogue à celui dans lequel Remy de Goncourt nous explique quelques clichés mystérieux, tels que : « sein de cristal », une coupe ; « coquelicot sonore », un coq ; « vertes bavardes », les grenouilles ; « ver habillé en danseuse », le papillon ; « romance odorante », un bouquet de fleurs ; « crabe affectueux », la main ouverte... La seule différence qui existe entre les phrases comme celles-là et les phrases analogues nippones, c'est que tandis que chaque poète à Paris invente les siennes, tout le monde à Tokio

doit se servir des mêmes. La routine est en ceci une règle invariable. De même que personne n'oserait attenter à la Majesté du Mikado, personne n'oserait toucher aux Formes Sacrées du vers. Les tankas, les kaïkaïs, les nagantas de nos jours, sont pareils, absolument pareils, à ceux qu'aux époques fabuleuses des premiers empereurs fils du Soleil, composèrent les grandes dames de la cour. Un tanka, aujourd'hui comme hier et demain, comme toujours, doit être un poème en cinq vers alternés de cinq et sept syllabes, de sorte qu'en définitive, il ait trente-et-une syllabes, d'une façon exacte et tyranique Le kaïkaï, plus bref encore, se compose d'un vers de cinq pieds, d'un de sept et d'un autre de cinq. Quant au naganta, ou *grand poème*, c'est une composition de dimensions indéterminées, mais de forme fixe. Ses vers sont de cinq et sept pieds, avec un vers additionnel de sept à l'envoi. Dans de telles conditions de rigorisme, on s'explique le besoin qu'ont les poètes des mots *oreiller* et *pivots*, qui s'allongent ou se raccourcissent à volonté et qui ont toutes sortes d'emploi. Les oreillers, nous l'avons déjà vu, ornent, garnissent et affinent. Les *pivots* divisent et soutiennent l'ensemble. Dans la strophe castillane qui dit :
« *Yo conozco un avestruz — que à pesar de su ignorancia — esta regentando un juz —*

Gado de primera instancia », le mot « de juzgado » donne une idée de ce qu'est, dans certains cas le *pivot* en poétique nippone. D'autres fois le *pivot* est un mot à double sens, ou bien un mot qui va uni à la phrase sans autre objet que de compléter un nombre déterminé de syllabes. Cette façon de se servir, avec art, des chevilles, rend les poètes japonais généralement intraduisibles.

<p style="text-align:center">
* *</p>*

Dans son étude *sur les différents genres d'écriture employés par les Japonais*, L. de Rosny dit que la plus grande partie des utas japonaises sont impossibles à traduire, car elles consistent en des jeux de mots qui, très appréciés des indigènes, disparaissent ou perdent de leur saveur, dès qu'on essaie de les adapter dans une autre langue. En effet, les poètes du Yamato tiennent pour un mérite la complication rhétorique. Le lecteur doit travailler autant que l'auteur. Tout ce qui n'est pas enveloppé de mystère, ne semble pas digne d'admiration. Une tanka célèbre dit :

> L'automne pendant la récolte
> Le toit de chaume de ma cabane
> Est en mauvais état.
> Et mes effets mouillés
> Par la rosée du matin.

Et savez-vous ce que cela veut dire? Que le paysan, pendant qu'il travaille, a besoin de l'appui de l'Empereur.

Autre exemple:

> Oh! brise céleste
> Ferme de ton souffle les
> Ouvertures des nuages,
> Pour que la beauté des femmes
> Ne s'échappe pas de la terre.

Ceci veut dire que point n'est besoin de l'intervention divine, pour que les hommes jouissent toujours de la protection des dieux.

Un brigand écrit:

> Sur la cime du Taka-uo-yama
> Malgré la tempête
> Menaçante, mes vers
> Perpétueront mon souvenir.

Ici le mystère n'est pas le produit d'un jeu idéologique, mais d'une combinaison de mots. *Taka* signifie, en même temps, *nid d'oiseaux de proie* et *hauteur*.

Comment traduire de telles strophes en vers occidentaux? Ceux qui ont essayé de le faire, se sont vus obligés à paraphraser et à inventer; ils ont fait ainsi des choses ou rares, ou curieuses, ou belles, mais jamais des traductions fidèles. Le poète italien Mario Chinti vient de publier, dans

une revue de Milan une anthologie de Tankas,
dont je choisis quelques-unes :

— Una notte, alternata —
E m'è dunque bastata
Una notte, alternata
Di brevi sonni e gioia
Per farmi innamorata
In fino a che non muoia ?
— Crudeltà d'Amore —
Mi sono addormentato
Pensando a te. Sognato
T'ho forse per cotesto.
Stanotte ero beato
Stamani, ahimè !..... Son desto.
— Avanti Giorno —
Non era l'alba ch'io
Ho pianto al Cinguettio
Degli uccelli. E l'aurora,
E tu invece, amor mio,
Dormi felice ancora.
— Comparazione —
Se la notte é maggiore
Le stelle han più splendore ;
Se son meno le paci
Che i tumulti d'amore
Han più dolcezza i baci.
— Preghiera —
Fu l'esperienza d'una
Notte. Non dirne alcuna
Cosa, origlia, su cui
posai la testa bruna
Dandomi tutta a lui.

— Frammento —
In ciel la luna, intanto
Splendea ch'era un incanto
Da quella primavera
Ho sospirato tanto !
Ma stasera... Oh! stasera...

Ce travail poétique est ingénieux, sans doute ; mais combien stérile au point de vue réel ! La poésie japonaise n'a jamais eu cette douceur et cette musique. La rime y est inconnue, et le rythme y existe à peine. Les théoriciens nippons exigent, avant tout, des idées nouvelles exprimées dans une forme vigoureuse. Parlant du poète Henjo, le grand critique Surayuki l'accuse de donner à ses poèmes « des mollesses qui font penser à de suaves musiques. » D'autres poètes que Surayuki déteste également, tentèrent, à une époque lointaine, d'imiter le vers chinois qui a des rimes ; mais ils durent bientôt reconnaître l'inutilité de leurs efforts devant l'indigence phonétique de leur langue. En japonais, en effet, tous les mots terminent en vocale, et comme leurs vocales sont au nombre de cinq, les rimes devaient forcément être toujours les mêmes. Quant au rythme, dans la poésie japonaise, il est peu perceptible, à cause de l'uniformité des mots en ce qui touche l'accentuation tonique. Par suite, la seule chose qui distingue le vers de la prose, suivant la juste observation d'Aston, c'est l'alternance de phrases de cinq et de sept syllabes.

*
* *

D'une façon générale, on peut dire qu'un poème japonais est toujours une épigramme au sens hellénique du mot. Le poète travaille idéologiquement et dédaigne, ou plutôt ignore, ce qu'est l'effort phonétique, la patience musicale. L'essentiel, c'est d'évoquer ou de suggérer beaucoup d'idées en peu de mots, et de faire, avec les cinq lignes d'un tanka, ce que faisaient les merveilleux paysagistes du XVIIIe siècle avec la svelte ondulation d'un seul trait. Feuilletez une des nombreuses anthologies publiées officiellement par le Gouvernement du Mikado, et vous vous en apercevrez de suite. Chaque strophe est un tableau ou un drame. Depuis les époques quasi fabuleuses où l'empereur Ozin célébrait les charmes de l'*enfant aux longs cheveux*, jusqu'à ces dernières années où Toyama Masakusu et ses disciples tentèrent d'européaniser la grammaire, la poésie nippone a toujours été synthétique. Chanter pour chanter, tel n'est pas son but. Il lui faut des images, des symboles, des enseignements, des souvenirs, des énigmes, des peintures.

Écoutez :

> La maison de Mioua
> Fameuse pour son savoureux saké!
> De la montagne,
> Faisons-en ouvrir la porte;
> Oh! la porte de Mioua !

Écoutez :

> J'ai pensé
> Les feuilles tombées,
> Les pauvres feuilles tombées
> Reviennent à leurs branches
> Ah! ces feuilles ne sont que des papillons !

Vingt siècles séparent ces deux strophes : la première est du premier siècle de notre ère, l'autre est d'hier. Pourtant, elles semblent toutes les deux du même auteur; elles ont toutes les deux, la même coupe, la même grâce obscure, le même prestige suggestif, la même intention philosophique, et jusqu'à la même facture. « Depuis les époques les plus reculées jusqu'à nos jours — dit Rosny — la poésie japonaise n'a été qu'un cri de l'âme ou l'écho d'une idée. Cette idée, le poète doit la *provoquer* et non pas *l'exprimer*; en d'autres termes, la mission du poète est de faire entrevoir une pensée dissimulée parmi peu de paroles. »

Ne sentez-vous pas, dans ces lignes, quelque chose des théories mallarméennes? La doctrine de la suggestion partait d'un principe analogue. Mais à Paris les écoles littéraires durent moins qu'à Tokio. Ici, en effet, tout le monde lit encore le *Manyociu* qui date du ixe siècle et le *Kokinciu* qui fut publié cent ans plus tard. La moindre variante dans le goût indigne les savants. « De notre temps — disait Surayuki en l'an 1000 — l'amour a développé dans le cœur des hommes le goût des ornements : de là vient qu'on ne produit plus aujourd'hui qu'une poésie frivole et sans profondeur de pensées ». Et bien des siècles plus tard, célébrant la renaissance des études classiques, Motoori écrit : « Grâce à l'enseignement de nos maîtres, nous avons retrouvé l'ancienne langue, et nous pouvons aujourd'hui composer des poèmes comme ceux du *Manyociu*. » De nos jours, l'esprit classique, loin d'être abattu par la modernisation administrative et militaire du pays, puise de nouvelles forces et un nouvel orgueil dans les triomphes nationaux.

*
* *

Rien n'est plus faux, en effet, que l'idée que l'on a en Europe et en Amérique de l'occidentalisation de ce peuple. — Sans doute, il fut un moment où, non satisfaits de se donner une armée, un gouvernement, une science et une industrie européennes, ces hommes voulurent encore modifier leurs coutumes, leur costume leur goût et leur art. Mais de tout cela, il ne reste plus aujourd'hui qu'une collection de chapeaux hauts de forme et de redingotes, quelques tableaux peints par des imitateurs de Bonnat, et quelques tentatives littéraires qui ne vivront pas aussi longtemps qu'une tanka quelconque du viiie siècle, — le siècle d'or.

Le grand prédicateur de la réforme poétique, ce fut un professeur de Yeddo, Toyama Masakusi, dont les premières œuvres parurent en 1882, sous ce titre : *Poésies de coupe nouvelle.* Abandonnant les formes traditionnelles du classicisme, l'innovateur commença par traduire quelques poèmes anglais et français, afin de montrer à ses compatriotes ce qui, suivant la graphique expression d'un critique jaune « correspondait en esthétique à la machine à vapeur en science. » Ses traductions, qui forment une sorte d'introduction au tome révolutionnaire, ne sont pas des traductions de poésies très nouvelles. Les auteurs, en effet, s'appellent Charles d'Orléans et Shakespeare. Gray et Tennyson sont pour lui les poètes les plus récents. Mais l'important, c'était de proclamer l'idée du progrès et de secouer le joug de la rhétorique routinière. « La langue ancienne — déclarait Tayama — ne peut pas servir à exprimer la vie moderne ! » Dans le but de la rajeunir, il commença par y introduire une infinité de mots nouveaux qu'on avait jusqu'alors exclus de la littérature. Puis il chercha, dans les trésors oubliés de vocables d'autres époques, tous les mots qui, encore qu'ils fussent expressifs et harmonieux, étaient rejetés du vocabulaire classique, à cause de leur origine chinoise. Le principe parut excellent ; mais son application ne donna qu'un résultat comique. « Les poèmes de Toyama — dit Aston — produisent le même effet de grotesque pédanterie qu'un vers anglais bourré de mots grecs et latins. »

Cela seul, sans doute, valut à Toyama de nombreux imitateurs dont les plus notables furent Sivoï-Uko, l'auteur de *Hana-Momiki* ; Cibata-Ziro, l'auteur de *Matzu-Musi-Suzu-Muci* ; Usada, l'auteur de *Kuré-Buyesiu*, et Simaki-Fuzimura, l'auteur de *Vatana-Siu*. Avec un enthousiasme égal à celui des novateurs européens, ces poètes essayèrent toutes les méthodes de modernisation. Ils voulurent introduire la rime ; ils tentèrent d'employer des mètres variés ; ils adoptèrent les métaphores les plus extraordinaires. Mais de tous leurs essais, il ne restait plus, dix ans après, qu'une relative liberté dans l'usage de la langue populaire et l'habitude de couper en strophes courtes les longs poèmes. En tout le reste, aujourd'hui comme autrefois, les vers continuent d'être de cinq et de sept syllabes, alternativement : ceci quant à la forme. Quant au fond : rien ne changea jamais, et les belles pages dans lesquelles Tsurayuki peignit l'âme des poètes, vers le x⁰ siècle, continuent d'être d'actualité. Aujourd'hui comme hier, les poètes chantent quand la joie déborde de leur poitrine, quand l'amour les enveloppe comme les nuages enveloppent le mont Fusi, quand il y a dans leur cœur des langueurs qui soupirent ; ils chantent quand le parfum des fleurs les enivre, quand les cerisiers symboliques se couvrent de fleurs de neige rose, quand s'ouvrent, dans les étangs, les corolles des lotus ; ils chantent l'amour, le plaisir, la beauté, la mélancolie, l'héroïsme ; ils chantent quand le Samuraï ne revient pas de la guerre, quand la mousmé meurt de jalousie, quand les coupes de saké sont pleines. Et le reste de l'existence, aujourd'hui comme hier, aujourd'hui comme toujours, les laisse complètement indifférents !

Dans le Japon où prosodiquement la poésie et la prose arrivent parfois à se confondre, les littérateurs ont établi une infranchissable barrière entre les sujets poétiques et les sujets prosaïques. La prose comprend tout ce qui est idées, récits, fictions, lois, rituels. C'est l'instrument de la vie. Pour la poésie, il reste l'âme, l'âme et ses indécisions, ses désirs, ses peines, ses amours, ses énigmes et ses jouissances. Un poème est un soupir ou une exclamation, une allégorie ou une image. Chamberlain a fait observer que ni les grands spectacles de la nature, ni les grandes actions des hommes, ne semblent, aux Japonais, des sujets propres à être mis en vers. Un autre auteur anglais, Aston, a composé un catalogue des thèmes poétiques nippons. « Nous avons d'abord — dit-il — l'amour, la nostalgie du foyer, la tristesse provenant de l'absence d'êtres chéris, la peine avant la mort, la joie de boire du saké et les plaintes sur l'incertitude de l'existence. De la nature, ce qui intéresse, ce sont les aspects variés des saisons, le murmure des fontaines, les neiges du mont Fusi, les vagues qui viennent mourir sur la plage, les algues sur le sable, le chant des oiseaux, le croassement des grenouilles, le saut des truites dans l'eau, les herbes du printemps, le bramement des cerfs en automne, les tons roussâtres des feuilles de chêne, la lune, les fleurs, la pluie, le vent. Et si nous ajoutons à cela quelques effusions galantes ou patriotiques, une quantité considérable de jeux de mots et quelques images religieuses, nous aurons terminé notre énumeration. » Tout ce qui ne figure pas dans cet inventaire, en effet, n'est pas sujet de poésie ; nous voyons donc que, devançant ceux qui croient que dans un avenir lointain, les grandes prouesses seront narrées en prose, les Japonais ont écrit leurs Iliades et leurs Odyssées en langage sans rythme. Dans les drames, qu'autrefois on chantait, au lieu de les réciter, seuls, quelques fragments sont écrits en vers.

*
* *

Dans les nombreuses anthologies officielles, les genres sont divisés de la façon suivante : 1° Vers des quatre saisons ; 2° Vers de sentiments ; 3° Vers élégiaques ; 4° Vers allégoriques ou symboliques, et 5° Vers légers. Voici quelques tankas qui appartiennent à la première de ces catégories :

> Mes jours sont pleins de désirs
> Et mon cœur est plein de tristesse
> Comme la neige qui
> Fond parmi les fleurs
> Quand arrive le Printemps.

. .

> Tombe doucement,
> Oh ! toi, pluie de printemps !
> Mais ne coupe pas les branches
> Des cerisiers fleuris
> Avant que je ne les ai vues !

C'est l'aurore.
Je ne dors pas, je pense à elle
Ah ! quand donc terminera
L'ardente saison
Des amours !...

Deux tankas nous montreront ce que sont les vers de sentiments :

Ah ! si les vagues blanches
De la lointaine mer d'Isé
Etaient des fleurs,
Et que je puisse les cueillir,
Quel bouquet je ferais pour mon Aimée !

Si ta main
Serrait la mienne,
Que m'importerait
Que les dires du monde
Fussent nombreux et hostiles !

Comme exemple de poésie élégiaque, je ne choisirai pas une tanka, mais un nagauta ou *long poème*, de Hitomaro, que les Japonais considèrent comme un riche joyau :

Son visage avait des pâleurs d'automne ;
Ses formes étaient graciles comme le bambou ;
Nous espérions pour elle une longue vie,
Une vie longue comme un câble

Et non pas brève comme la rosée !
Si nous qui, à peine,
La connaissions par ouï dire,
Sommes si peinés et si tristes,
Quel ne sera pas le tourment de l'époux !
Il doit se désoler quand il se couche
De n'avoir plus la carène de ses bras.
Ah ! sa vie fut brève comme la rosée !

Pour faire comprendre ce qu'on entend au Japon par vers allégoriques ou symboliques, je me contenterai de citer les deux strophes suivantes :

Dans les quatre mers
Tranquilles sont les vagues,
Les vents soufflent fort,
Soufflent de toutes parts,
Et les branches ne tremblent pas !

. .

Le jour approche ;
La neige tombe
Sur les pins sveltes
La neige tombe, tombe,
Et les feuilles ne blanchissent pas !

Quant à la dernière catégorie, les Japonais y comprennent tout ce qui est comique ou bachique. Les exemples suivants sont parmi les plus populaires :

Odieux à mes yeux
Est le fou sentencieux

Qui ne veut pas boire de saké.
Quand j'en vois un
Je le compare à un singe.

. .

Tant qu'en ce monde
Il y aura des plaisirs
Que m'importe de me convertir
Dans une existence future
En insecte ou en belette !

*
* *

Toutes les strophes que je viens de citer, figurent dans les grandes anthologies impériales, et sont considérées comme des œuvres admirables. Le goût occidental n'y trouve cependant rien qui puisse le séduire ou lui plaire. Et on ne peut pas se demander comment un peuple artiste et habile entre tous, un peuple de grandes légendes, de grandes aventures, de grande peinture, de grande architecture, a-t-il pu produire seulement, à travers les siècles, une aussi piètre poétique ? Comment, la patrie de Hokusaï et de Kano, de Motoori et de Bakin, n'a pas encore eu un poète digne d'elle et digne d'eux ?... Ceux qui connaissent à fond la langue nippone, répondent : — Le Japon a eu de ces poètes à toutes les époques ; seulement, leurs œuvres sont intraduisibles à cause de la réthorique. Rappelez-vous les paroles du docte

Chamberlain dans son *Classical Poetry of the Japanese :* « Pour un lecteur européen, de tels jeux de mots sont des inutilités funambulesques. Il faut cependant ne pas oublier que les vers ainsi composés, sont délicieux en la langue originale et font passer devant les yeux du lecteur une série de tableaux fugaces, imprécis, gracieux et suggestifs. Lisez-les donc en japonais, si vous en voulez savourer l'art poétique ».

Lire en japonais !...

* *
*

Si le Japon n'a pas produit d'aussi grands poètes que les autres pays, il a, du moins, produit les poètes en plus grand nombre que le monde entier. Il n'est pas, en effet, un seul Japonais instruit qui ne rime à ses heures. Dans les écoles on apprend là-bas à faire des tankas, comme chez nous on apprend l'orthographe. Ecrire en strophes de trente et une syllabes, c'est un signe de belle éducation, un jeu de bonne société. Dans l'histoire héroïque du pays, on remarque, à chaque instant, que les guerriers passent leurs moments de loisir à chanter la beauté du ciel ou le parfum des fleurs. Dans la préface du *Cerisier de Zuma* nous trouvons une anecdote caractéristique relative à Tadanori. Ce samuraï avait reçu de son neveu, le prince Atsumori, l'ordre formel de pénétrer dans un château occupé par des forces ennemies. Avant d'accomplir son devoir, il alla chez son maître de prosodie, et lui dit : « La guerre m'a empêché de venir plus souvent vous visiter. Tous les jours je pensais venir vous voir et le temps passait ; mais aujourd'hui, que je suis sûr de ne revenir jamais de l'endroit où l'on m'envoie, j'ai voulu vous porter mes dernières poésies. » Dans son *Tosa Nikki*, Surayuky nous raconte qu'étant allé prendre congé d'un prince, avant de s'embarquer par Tosa, il fut invité par Son Altesse « à boire, à manger et à faire des vers », en sa compagnie. Depuis la presque légendaire impératrice Takako, jusqu'à l'actuel empereur constitutionnel, nombreux ont été les monarques-poètes. Au viiie siècle, qui fut le grand siècle de la littérature, tous les hommes et toutes les dames de la bonne société faisaient des vers. La Cour donnait l'exemple. Plus tard — en 905 suivant Aston — les lettres prirent une telle importance que l'empereur Daïgo se vit obligé à créer le Ministère de la Poésie, dont le premier titulaire fut le célèbre Kinotsoroyuki. Ce ministère avait pour mission de rechercher les poèmes les plus "admirables", pour les publier dans des anthologies, et de maintenir la tradition du bon goût en organisant des jeux floraux. Le résultat d'une telle institution fut

le. Les juges examinaient les composi-
ne à ligne, mot par mot, à la manière
; les auteurs désireux de gagner des prix,
nt les qualités de sincérité ardente de la
r ne cultiver que la tendance aux jeux de
mpliqués. Plus tard, un peu de naturel
. Le peuple commença, au xiii° siècle, de
les tankas les plus connues. Le drame
avec ses fragments en vers, cessa d'être
vre religieuse et se changea en spectacle
ire. Ainsi, au xvii° siècle, les samuraïs et
rtisans n'étaient déjà plus seuls à écrire des
es paysans eux-mêmes s'amusaient à faire
uscules strophes de dix-sept syllabes qu'on
des *kaïkaïs* et qui ressemblaient assez aux
ares » espagnols, comme on en pourra
par les exemples suivants :

> Pour tous les hommes,
> L'essence de rêve,
> C'est la lune d'automne.
>
> . .
>
> J'entends qu'on m'appelle :
> Est-ce la cloche d'Uyeno,
> Ou la voix de mon aimée?
>
> . .
>
> Sur une branche morte,
> J'ai vu un corbeau.
> Cette nuit j'ai peur.

Ces fleurettes populaires, avec leur parfum
d'ingénuité, embaumèrent à leur naissance tout
le parnasse nippon. Le ministère de la poésie nationale, par ordre de l'Empereur, réédita les poésies
du VIIIe siècle ; et Mabutchi put dire : « L'âme du
pays rajeunit ». Puis, exception faite des tentatives des modernistes, le rajeunissement s'est poursuivi. Malgré l'indéniable mercantilisme de l'époque actuelle, les strophes continuent de fleurir
sur toutes les lèvres. L'Empereur écrit des tanas, pour célébrer l'héroïsme de ses soldats.
Les princesses se plaignent, en vers de cinq et
de sept syllabes, que tous ceux qui sont partis
pour la guerre, ne soient pas revenus. « Le Japon
— dit délicieusement un voyageur — est le pays
où, à chaque changement de saison, les paroles
des anciens poètes, et leurs rythmes fins, et leurs
ingénieux gongorismes, s'animent et volètent de
bouche en bouche ». Tous chantent, en effet,
dans ce pays enchanteur — tout chante !

SYMPHONIE EN BLANC ET ROUGE

L'air avait la couleur du safran et des perles.

Ce vers, lu je ne sais quand, je ne sais où, me poursuit maintenant comme une obsession. Le long des allées fleuries du parc Ouyeno, tandis que tout se tait dans la paix du crépuscule, les syllabes harmonieuses, seules, chantent dans ma mémoire leur étrange chanson. Et, c'est parce que dans la réalité actuelle, ainsi que dans le rêve du poète, l'air a positivement les couleurs du safran et des perles.

Le soleil couchant, là-bas, s'est épanoui telle une fleur de sang. C'est bien le soleil du drapeau ! Et derrière sa gloire monstrueuse, séparé miraculeusement de sa lumière rouge, le ciel apparaît blanc... blanc... sans reflets roses, blanc sans tache !... On dirait, vraiment que ce ne sont là ni le ciel de ce soleil, ni le soleil de ce ciel.

Entre la corolle de feu et son fond lilial, aucune parenté n'existe. Avec une netteté cristalline, le disque pourpre se découpe sur le fond blanc et c'est à peine si une frange étroite marque les frontières de tons, en faisant un nimbe doux à l'apothéose solaire.

***

Et, dans le parc aussi, sous les arbres qui se taisent, l'air a la couleur du safran et des perles. Il y a des blancheurs imprévues dans l'atmosphère ; des blancheurs qui palpitent dans les ailes des colombes qui passent vers leurs lointaines pagodes ; des blancheurs mystiques qui s'immobilisent dans les tiges des lys ; des blancheurs sacrées dans les *toori* de pierre qui s'ouvrent devant les temples ; des blancheurs plus mystérieuses — des blancheurs éthérées — des blancheurs incompréhensibles qui frissonnent dans l'air, qui s'évanouissent, qui reviennent ; des blancheurs de voiles féeriques et de vols de fantômes...

Ce sont les perles du vers.

Quant au safran, le voici fermant l'horizon de sa lumière rouge ; le voici dans les toits de ces sanctuaires bouddhiques; le voici dans les pétales de ces lotus qui nagent sur l'eau endormie des étangs.

*
* *

Ah! que je comprends maintenant ceux qui disent qu'au Japon les paysages sont plutôt des poèmes que des tableaux! Cette atmosphère de safran et de perles dans la paix du soir, parmi les grands arbres tranquilles c'est un rêve de poète... réalisé.

Tout, ici, parle à notre âme. Tout évoque des visions idéales. Un rythme délicieux anime les formes et fait palpiter les nuances. Dans les lointains les femmes qui passent, lentement, laissant flotter leurs *Kimonos* aux nobles plis, m'apparaissent telles que des créatures d'un monde irréel.

Les toits des temples, harmonieux et magnifiques, avec leurs écailles d'or sur le fond de laque rouge, s'allongent dans la pénombre; et l'on dirait des dragons tutélaires. Les troncs des arbres eux-mêmes, ces vieux troncs de cèdres et de criptomerias que la poésie bouddhique sanctifie en leur prêtant une âme, une foi, une sensibilité, voir une mélancolie — ces troncs, si tristes qui se plaignent quand la hache les blesse — sont, ce soir, animés d'une intense vie chimérique. L'air de safran et de perles colore tout de pureté et de gloire... Et, c'est une volupté exquise, que de rester ainsi, loin de la vie, loin de la réalité, à se griser doucement de songes...

Tokio, Juillet-Août-Septembre 1905.

www.ingramcontent.com/pod-product-compliance
Lightning Source LLC
Chambersburg PA
CBHW060119170426
43198CB00010B/956